MÉDICATION INTERNE

de M. l'abbé S. KNEIPP

DU MÊME AUTEUR

Manuel pratique et raisonné du système hydrothérapique de M. l'abbé S. Kneipp.

In-12 avec gravures........................ 1 fr.

Le même, en reliure souple.................. 2 fr.

Le présent ouvrage a été déposé selon la loi, en avril 189

4301-93. — CORBEIL. Imprimerie CRÉTÉ.

PORTRAIT DE M. L'ABBÉ N. NEUENS

N. NEUENS
CURÉ DE BIVANGE-BERCHEM

MÉDICATION INTERNE

DE

M. l'abbé S. KNEIPP
CURÉ DE WŒRISHOFEN

RÉGIME, HYGIÈNE ALIMENTAIRE
ET
PLANTES MÉDICINALES

Édition française seule autorisée
ORNÉE D'UN PORTRAIT DE L'AUTEUR

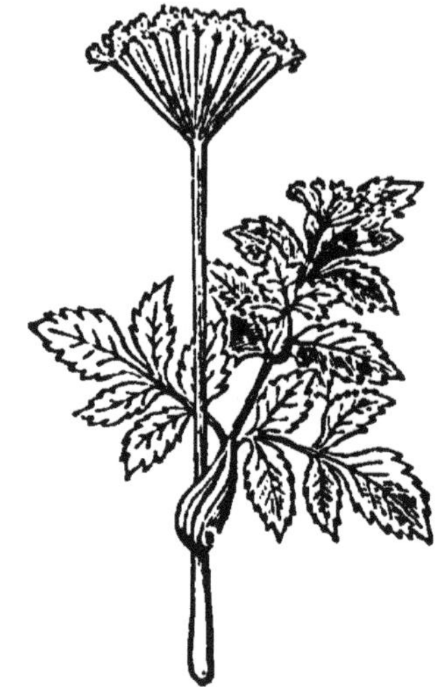

PARIS
P. LETHIELLEUX, LIBRAIRE-ÉDITEUR
10, RUE CASSETTE, 10
1893

ATTESTATION

DE

M. L'ABBÉ KNEIPP

A L'AUTEUR DE CE LIVRE

J'atteste que M. Neuens, curé de Bivange, (grand-duché de Luxembourg), est resté auprès de moi pendant les mois de janvier et février 1892, pour compléter ses études sur la méthode hydrothérapique pratiquée à Vœrishofen.

Non seulement il a suivi toutes mes conférences publiques, mais je l'ai admis, par privilège spécial, aux conférences particulières données aux médecins, et à toutes mes consultations aux malades. M. Neuens a donc acquis, sur ma méthode, des notions étendues et très exactes, et je me suis fait un bonheur de donner des solutions aux nombreuses questions qu'il m'a posées directement.

Je désire vivement que ce prêtre emploie ses connaissances pour l'honneur de Dieu et le soulagement de ceux qui souffrent.

Vœrishofen, 10 février 1892.

S. KNEIPP.

PRÉFACE

Nous avons fait remarquer, dans notre *Manuel pratique et raisonné du système hydrothérapique de M. l'abbé Kneipp*, que, s'il est inexact de dire que la santé est entre nos mains, il ne l'est pas moins de nier les moyens mis par Dieu à notre disposition pour éviter un grand nombre de maladies ou pour recouvrer la santé ruinée.

L'eau froide peut, d'après le système Kneipp, rétablir le corps malade, lui donner une nouvelle activité.

Dans notre *Manuel* nous avons exposé la manière de nous fortifier à l'aide de l'eau froide, le meilleur des remèdes, et de restituer à notre organisme une nouvelle vigueur.

Dans le même volume, nous avons établi la pensée de M. l'abbé Kneipp au sujet des remèdes violents, et pourquoi, en les répudiant, il les remplace par le traitement à l'eau froide, d'une grande efficacité et d'une complète innocuité dans les limites prescrites.

Nous voudrions, au cours du présent volume, traiter aussi de l'emploi des plantes médicinales que le curé de Wœrishofen regarde comme l'auxiliaire parfois nécessaire et toujours utile des applications d'eau froide.

Le trait caractéristique de M. l'abbé Kneipp est la largeur de vues ; et personne n'est plus hospitalier que lui aux idées d'autrui, quand il les a reconnues meilleures que les siennes propres.

Il n'est pas de ces novateurs à tout prix, auprès de qui le « déjà vu » est d'avance condamné. Voilà pourquoi il associe au traitement extérieur par l'eau un traitement interne par les plantes.

Dieu n'a-t-il pas d'ailleurs révélé au plus sage des hommes la vertu des simples ? Et n'ont-elles pas de tout temps fait la base des prescriptions médicinales ?

Sans doute, les compositions minérales tendent à les remplacer, à les éliminer du

Codex : en ont-elles pour cela perdu leur efficacité ?

Le peuple ne l'a pas pensé, puisqu'il continue à y recourir ; les maîtres de la science ont souvent appuyé l'expérience populaire par leurs observations motivées.

Nous citons ici le jugement de plusieurs docteurs bien connus en Allemagne pour l'étendue de leur science et la valeur de leurs opinions en thérapeutique.

Abandonnés à leur ignorance, ou trompés par d'autres en ces matières, la plupart des hommes adoptent un mauvais régime et une fausse hygiène. Ils s'imaginent qu'ils prennent la meilleure nourriture et la plus fortifiante ; ils sont convaincus que leur habillement est parfait, parce qu'il tient chaud et protège contre les intempéries, et ils ne se doutent pas que leur manière de vivre et de s'habiller est contre nature. Ils commettent tous les jours toutes les fautes hygiéniques possibles, puis s'en viennent demander à l'eau une prompte guérison : ils désirent ardemment ne rien changer à leur mode de vie. En retour ils s'engagent à considérer dorénavant l'eau froide comme leur meilleure amie, et comme le plus bienfaisant des remèdes. C'est vouloir l'impossible et commettre une erreur regrettable. L'eau ne peut être qu'un moyen de produire une assimilation *utile* au corps des aliments *utiles* qui lui sont administrés d'une manière raisonnable.

Après avoir expliqué la manière de faire les applications d'eau, il importe que nous disions quelques mots de l'*alimentation* et de l'*habillement*, c'est-à-dire qu'il nous faut expliquer de quelles *influences* il faut préserver le corps, puis quels sont les matériaux qu'il faut lui donner, puis quels sont, en général, les soins qu'il faut prendre à son égard.

Le Dr Hufeland dit : « Nous avons eu assez de systèmes pour savoir que l'art médical n'est pas dans les systèmes de la Faculté. — Si vous ne pouvez pas guérir, vous ne nuisez pas. Mieux vaut que le patient meure de la maladie, que d'être tué par vos prescriptions ».

Le Dr Carus écrit : « Je sais bien que les sept dixièmes ne meurent pas par suite des maladies, mais par suite des remèdes ».

Le Dr Kieser : « Le médicament est

souvent plus nuisible que le mal, et le médecin pire que la maladie ».

Le professeur Dr Clark : « Tous nos médicaments sont des poisons ; donc, chaque potion diminue la force vitale du malade ».

Le Dr Buff : « Maint malade pourrait dire avec Philon : N'en eussé-je pas avalé, j'eus été sauvé ».

Le Dr Hoffmann : « Celui qui veut conserver la santé doit s'abstenir des médicaments dangereux ».

Le professeur Dr Bock : « Ceux qui prescrivent des médecines violentes à leurs patients, n'en prennent pas s'ils sont accablés des mêmes maladies ».

Le professeur Dr Schmiedeberg : « Aucun être ne se fait autant de tort à soi-même que l'homme dans le gouvernement de sa santé ».

Mais, dira-t-on, pourquoi prescrire des ordonnances dont on reconnaît comme problématique l'influence salutaire?

Nous répondrons que nombre de patients, sacrifiant à la mode jusque dans leurs maladies, se refusent à prendre ce qu'ils nomment avec dédain « des remèdes de bonne femme ».

L'abbé Kneipp préconise l'emploi des simples, au double point de vue de la médication et de l'alimentation : « Mes herbes, dit-il, ont avant tout une force nutritive ».

N'arrive-t-il pas, à certains moments, que l'organisme affaibli aurait besoin d'un secours puissant pour sortir de son affaissement? Les aliments réputés même les plus fortifiants ne lui sont que d'une faible utilité. C'est alors qu'il trouverait dans les plantes ce qu'en vain il demande aux aliments ordinaires.

Pendant quarante ans, M. l'abbé Kneipp a expérimenté les herbes comme moyen adjuvant de la cure d'eau. C'est donc en connaissance de cause qu'il les prescrit, qu'après lui nous les recommandons.

Examinons, maintenant, si les applications d'eau suffiront pour conserver la santé recouvrée et pour rétablir dans notre organisme l'équilibre rompu sous l'influence de différentes causes extérieures.

M. Kneipp dit formellement : « Non, celui qui ne veut pas accepter un régime, une hygiène naturels, n'obtiendra aucun effet persistant des applications d'eau prescrites par moi! Le meilleur des remèdes, l'eau froide, est presque sans valeur, pour ne pas dire est sans valeur aucune, lorsqu'un régime alimentaire mauvais et déréglé introduit constamment des principes malfaisants dans le corps, et ne lui procure que des matières viciées ou en trop petite quantité ».

Il est nécessaire que les hommes acceptent un régime alimentaire naturel; du moins doivent-ils accepter de ce régime les principes essentiels.

Quand donc viendra le temps où les médecins ne se contenteront plus de formuler des ordonnances, mais où ils consentiront à instruire davantage les malades de la manière de se nourrir et de se vêtir? quand leur enseigneront-ils les règles d'une hygiène sûre et capable de conserver la santé?

PREMIÈRE PARTIE

RÉGIME, HYGIÈNE ALIMENTAIRE

MÉDICATION INTERNE

PREMIÈRE PARTIE

CHAPITRE PREMIER

CE QUE NOUS NE DEVONS PAS MANGER

§ 1. — Principes généraux.

« Qu'est-ce que nous mangerons, qu'est-ce que nous boirons, de quoi nous vêtirons-nous » ? telles sont les paroles que l'Évangile met sur les lèvres de certains hommes, soucieux de leur avenir, qui ont peur que le nécessaire ne leur fasse défaut. Le Seigneur répond qu'il sait prendre soin de sa créature. Que l'homme travaille, qu'il économise, qu'il se crée une vie raisonnable, qu'il prie, et que pour tout le reste il dépose tout souci, qu'il s'en repose sur la bonté de Dieu.

Néanmoins l'homme reste chargé de ce soin, de là certains problèmes que nous devons d'abord élucider.

Qu'est-ce que nous ne devons *ni* manger, *ni* boire ? Quels sont les vêtements dont nous ne devons pas user? Toutes questions dont l'importance n'échappera à personne.

Nous ne devons pas manger ce que l'organisme ne peut pas ou ce qu'il ne peut que difficilement assimiler. C'est si simple, si naturel ! Ce que l'estomac ne peut digérer, n'est pas un aliment ; ce qu'il ne digère que difficilement, est un aliment dangereux qui ne donne pas la vie, la santé, mais qui engendrera beaucoup de maladies.

Il me souvient qu'un jour l'un de nos professeurs nous dit : Il existe tant de livres beaux et utiles qui enseignent le bien, pourquoi lire de mauvais livres qui empoisonnent? Nous pouvons appliquer cette parole à notre sujet et demander: Si une alimentation profitable se trouve à la portée de tous les hommes, pourquoi faire choix d'aliments qui ne peuvent que causer des maladies? Mais qu'il s'agisse de la nourriture du corps ou de l'esprit, les hommes tombent dans la même faute: ils discutent beaucoup les questions : qu'est-ce qui est bon, qu'est-ce qui n'est pas bon? et, en fin de compte, la plupart n'acceptent que ce qui leur plaît et ne prennent souvent conseil que de leurs penchants, de leurs habitudes et même de leurs passions. On leur démontre que leur manière de vivre est déraisonnable et préjudiciable à la santé, ils n'ont aucune objection sérieuse à opposer à cette démonstration ; ils se contentent de répliquer : Est-ce qu'on doit si *subitement* changer tout son régime alimentaire ? Nous répondrons : Ne changez pas subitement, mais vous auriez dû dès longtemps modifier votre manière de vivre. Peut-être aussi nous dira-t-on : « Tout cela me paraît très juste, mais je préférerais mourir dix ans avant le temps que de me prêter à un tel régime ». De telles objections démontrent clairement que l'on s'obstine à ne pas écouter la raison, mais que la sensualité continuera à tenir les rênes au détriment de la santé et de la vie. Les hommes, quand il est question de défendre leur existence, agissent souvent avec moins de bon sens que les créatures qui n'ont pas la raison en partage. Nous voyons que les hommes savent donner aux animaux et aux plantes des soins intelligents ; nous voyons les gouvernements confier à des conférenciers la mission de traiter ces sujets ; et nous ne voyons pas qu'on organise des conférences dans lesquelles on apprendra à l'homme comment il doit éviter une alimentation déraisonnable.

L'humanité doit beaucoup de reconnaissance à M. le curé Kneipp, parce qu'il plaide la cause d'une hygiène raisonnable, et tente l'impossible pour réconcilier à ce sujet les hommes avec la raison, pour les sauver d'une ruine imminente. Évidemment on peut discuter les opinions de M. Kneipp, car il est très difficile d'énoncer, en ces matières, une théorie qui ne prête le flanc à aucune objection.

La santé est le plus grand bien de l'ordre matériel ; tous les hommes de tous les temps se sont efforcés de prolonger leur vie par une santé vigoureuse. Mais les moyens employés pour acquérir et conserver la santé ont varié.

L'alimentation, la manière de se vêtir chez les différents peuples varieront toujours et devront varier à cause du climat et des mœurs, à cause des produits divers de leurs pays; mais il y a des principes, dictés par la raison, qui dominent toutes ces variations et qui conviennent également à tous les habitants de tous les pays, et dont l'omission est punie par les lois d'un code pénal sévère. On ne peut plaider trop souvent auprès du public en faveur de ces principes, qui intéressent le bien commun. Que vous soyez Français, Allemand ou Africain, vous ne foulerez pas impunément la raison aux pieds en négligeant les premiers principes du régime et de l'hygiène alimentaire. Nous serons dans la bonne voie si nous écoutons et si nous suivons les opinions des philanthropes qui ont une expérience de beaucoup d'années. Acceptons ceux de leurs préceptes qui sont les plus indispensables, lors même que notre goût nous conseillerait le contraire. M. Kneipp dit : « Il y a deux membranes qui ruinent les hommes; l'une de ces membranes tapisse le voile du palais, l'autre enveloppe la langue »; oui, la gourmandise, telle est notre mortelle ennemie! Ce qui est excitant, ce qui est de notre goût : voilà ce que nous recherchons, quand même cela nous ferait du mal! Ce qui n'excite pas, ce qui ne flatte pas notre goût, nous le rejetons comme une chose qui ne peut nous être profitable.

« Les théories de Kneipp me paraissent un peu étranges, dira-t-on ; je ne veux pas sacrifier mes mets favoris à un raisonnement futile ». Faute d'arguments sérieux vous vous contentez de mauvais prétextes pour garder une alimentation qui, loin de réparer chez vous la déperdition des forces, est la cause d'une faiblesse toujours croissante.

Le régime et l'hygiène naturels ont gagné beaucoup d'adhérents, qui, après s'être montrés longtemps récalcitrants, ont été convaincus par la force des choses. Pourquoi n'étaient-ils pas accessibles à la raison quand ils étaient en bonne santé? pourquoi ne voulaient-ils pas écouter la voix des médecins les plus renommés ? Il est plus facile et plus agréable d'empêcher un mal de se produire que de le combattre après qu'il s'est produit. Ceux-là ne sont pas des bienfaiteurs de l'humanité qui se décorent du nom d'hommes de science, et qui accommodent leurs théories aux caprices des malades sacrifiant ainsi leurs convictions personnelles.

Kneipp ne veut pas être un de ces flatteurs dangereux, mais il veut être le vrai sauveur de ses frères; voilà pourquoi il s'élève avec tant d'énergie contre la manière déplorable de se nourrir et de se vêtir. Il y a quelques années, un baron vient le consulter. Il commence la litanie de ses souffrances qui ne dure pas moins d'une demi-heure. Le curé-médecin qui l'avait écouté sans mot dire, reste muet. Le baron rompt ce silence si gênant pour lui et demande avec émotion : « Que pensez-vous de ma maladie, monsieur le curé » ? Alors M. Kneipp de répondre : « Me permettez-vous d'être franc ? Vous êtes incurable ». — « Comment! je croyais avoir beaucoup de maux, mais je ne me croyais pas incurable ». — « Vous êtes incurable, puisque vous ne ferez jamais ce que la raison vous commandera ». — « Monsieur le curé, vous avez une fausse opinion de moi; commandez, je serai à vos ordres coûte que coûte. J'y suis; vous croyez qu'il me sera impossible de me contenter d'une nourriture simple ou naturelle. Non, non, je suis payé pour savoir ce qu'il en coûte ! Je comprends maintenant que le régime alimentaire de l'aristocratie est contre la nature; mettez-moi sur le bon chemin ». Le grand seigneur était converti aux doctrines de Kneipp et il n'eut pas à s'en repentir. Trois semaines après, il revient à la consultation, il était un tout autre homme : « Je suis converti, dit-il, à un autre genre de vie; oui, maintenant seulement je commence de vivre. Les mets odorants ne me séduiront plus; une alimentation simple ornera ma table et gardera ma famille de la misère qu'il m'a fallu endurer ». Fidèle à sa résolution, cet homme en gagna beaucoup d'autres qui n'eurent pas davantage à s'en repentir. Faut-il que nous attendions d'être malades pour nous laisser convaincre?

Ceux qui donnent à leur esprit une alimentation mauvaise payent cher cette imprudence; ils payent bien cher aussi leur imprévoyance ceux qui donnent à leur corps des aliments frelatés. L'homme ne doit ni manger ni boire les poisons, ni les prendre en médecine; il doit éviter les aliments excitants qui ruinent son organisme avant le temps ou qui le rendent débile; il doit éviter ce qui est difficile à digérer; il doit éviter encore autant que possible ce qui est trop rafraîchissant en certaines circonstances ou pour toujours; même ce qui est digestible doit être pris en temps opportun et dans la juste mesure et avec la préparation convenable. En agissant ainsi il pourra dire: Je vis d'une manière raisonnable, j'accorde à mon corps le nécessaire, l'utile, et je le soigne de façon à pouvoir rendre à Dieu mes comptes sans aucune crainte. Le corps devient-il malade, j'ai la consolation de penser: La faute n'en est pas à moi, c'est la volonté de Dieu, et la maladie me sera beaucoup plus facile à supporter.

---

§ 2. — La cuisson.

M. Kneipp dit : « J'ai la conviction que les hommes commettent plutôt les fautes dans la préparation que dans le choix des aliments ».

Disons donc d'abord un mot de la *préparation* des mets, et après nous parlerons du *choix* des aliments.

Comme mauvaise préparation Kneipp désigne les fautes commises dans la *cuisson*, dans la *salaison* et dans l'*assaisonnement*.

Quant à la *cuisson*, le médecin naturaliste dit : « On peut admettre que tout ce que la terre produit comme aliment nous est préparé par le Créateur dans la forme la moins nuisible ; et celui qui peut en user sous cette forme naturelle en retire le plus grand avantage ». En d'autres termes : Ne cuisez pas ce qui se digère sans cuisson ; cuisez doucement ce qui ne supporte pas une cuisson forte ou ce qui n'en a pas besoin. Beaucoup d'aliments doivent être rendus digestifs et inoffensifs par la cuisson et plus convenables peut-être au goût ; par suite de la cuisson, ils conviennent mieux à l'estomac qui, avec l'aide des intestins, peut mieux extraire leurs éléments nutritifs. La cuisson a souvent le grand désavantage de détériorer les mets, en anéantissant leurs meilleurs principes. On peut éviter cela en mangeant crus certains mets, en ne les cuisant pas ou en les cuisant à l'étouffée. Avoir soin que les aliments viennent sur la table en conservant le mieux possible leur force nutritive, voilà une des principales règles.

Préparer les mets à l'*étouffée* cela veut dire les cuire par la vapeur de l'eau. On a dans ce but des marmites à double fond dont le supérieur est perforé et supporté par trois pieds. L'eau arrive au niveau de ce couvercle qui porte les aliments à cuire. La vapeur amollit les aliments. De cette manière les meilleurs éléments sont conservés aux mets, l'eau ne peut guère s'en emparer. On fait bien de préparer à l'étouffée les pommes de terre, les légumes, les racines et les fruits.

Les mets *réchauffés* une *seconde* fois ne sont pas à recommander, parce qu'après la cuisson et le refroidissement des aliments la décomposition commence et l'acidité s'empare d'eux.

§ 3. — La salaison.

Dans la cuisson on commet souvent la faute de mettre trop de sel.

Le *sel de cuisine* n'est pas un élément nutritif; c'est un excitant. Évidemment sa force aide la cuisson et la digestion : il décompose les mets qui sont alors plus facilement assimilés et se transforment plus facilement en sang. A ce point de vue cependant nous n'avons besoin que de très peu de sel; l'excès nous est pernicieux. Le sel ne décompose pas seulement les aliments, il attaque nos entrailles et les membranes délicates. Le sel n'est pas digéré, sa présence dans l'urine en est la preuve. Le sel exerce dans les organes une force corrosive, il rend les membranes très délicates et peut les déchirer. Les entrailles des bêtes de boucherie qui ont mangé beaucoup de sel sont si tendres qu'il est impossible de les utiliser dans la charcuterie. Pourquoi le sel agirait-il autrement sur nos entrailles ? Tous les maux, comme mauvaise digestion, coliques, gaz, flatuosité, démontrent à l'évidence l'action destructive du sel, sans parler d'autres accidents. Pour nous convaincre de la grande force corrosive du sel, trempons un morceau de linge grossier dans de l'eau salée, exposons-le au grand air pendant quelques jours, le linge sera bientôt mangé et déchiré. Mettre une grande quantité de sel dans les mets et saler à nouveau les aliments, en les mangeant, est une coutume détestable. Vous direz peut-être : « J'ai cette coutume depuis longtemps déjà et je n'en ressens aucun inconvénient ». Vous mourez lentement, vous n'en sentez rien ou vous n'y prêtez pas attention; l'effet n'est pas moins réel. Un ver vous ronge, lentement il est vrai, mais il vous ronge; vous ne pouvez pas tuer le ver, mais vous pouvez souvent conjurer son action destructive. « Le sel cependant rend les mets plus agréables ». Oui, mais seulement parce que nous en avons pris l'habitude. A dire vrai, nous n'avons nul besoin du sel commun ; les mets, si nous n'avions pris l'habitude d'user du sel, auraient, sans lui, suffisamment de goût ; ils se cuiraient et se digèreraient très bien sans le concours du sel. Un enfant qui n'est pas habitué au sel, n'en demandera jamais, et ni son appétit ni sa force n'en seront diminués. Beaucoup de peuples sauvages ne font pas usage du sel ; dans l'antiquité on ne le connaissait pas. L'appétit était connu néanmoins et les hommes atteignaient alors un plus grand âge qu'à notre époque.

Le sel ou les *sels*, exigés par le corps pour son économie et pour la décomposition des éléments nutritifs, ont été mêlés par Dieu aux végétaux, au froment, par exemple, qui les possède en quantité considérable. Il vous faut donc conclure : Mêlez chaque jour moins de sel aux mets ; dessalez beaucoup la viande salée ; ne trempez pas la viande ni les autres mets dans le sel en les mangeant. Les mets qui peuvent se passer de sel, comme le beurre, les œufs cuits, etc., mangez-les sans sel.

Les céréales, la viande nous procurent assez de *sels nutritifs*. Le son de froment nous en fournit le plus; nous avons tort de le mépriser et de le jeter aux bêtes.

Les *principes nutritifs* du corps sont au nombre de trois : Les inorganiques ou sels nutritifs : ils se trouvent dans la composition du sang sans être formés comme tels par les organes. Ce sont entre autres le calcium, le chlore, le fer, le fluor, le magnésium, le sodium, le potassium, l'oxygène, l'acide carbonique, l'azote, le phosphore et le soufre. Les principes *organiques*, comme l'albumine, sortent de la nature qui les a combinés avec d'autres principes pour nos besoins d'après la volonté de Dieu ; ils se trouvent dans les plantes, dans les animaux. Parmi ces derniers, les uns ont *beaucoup d'azote* et sont pour nous les aliments les plus nécessaires, puisque l'azote est l'élément principal des tissus organiques ; les autres sont *sans azote*, mais renferment du carbone, de l'oxygène et de l'hydrogène, éléments que réclame aussi notre organisme. Voilà donc trois principes nutritifs : 1° les éléments *inorganiques;* 2° les éléments *riches en azote;* 3° les éléments *privés d'azote*.

Les éléments inorganiques servent principalement à la charpente du corps; les éléments riches en azote forment le sang et la chair; les éléments privés d'azote fournissent le combustible nécessaire à la production du calorique.

La nature ne nous fournit pas des aliments qui ne renferment que des éléments nutritifs; avec sagesse et avec mesure, elle sait y mêler des principes non nutritifs. Seulement les principes nutritifs se changent en sang. Et les autres sont-ils rejetés à l'extérieur comme étant sans valeur aucune? Non, ils ont une destination propre, ils activent les fonctions des organes. Nos organes ne sont pas formés pour recevoir des éléments tout apprêtés, ils sont formés pour séparer ce qui est nécessaire de ce qui ne l'est pas.

Ce travail les conserve vigoureux et actifs, pourvu toutefois qu'on n'exige pas d'eux une somme d'efforts trop considérable.

La meilleure alimentation est donc celle qui combine les trois principes nutritifs de la manière la plus favorable à la digestion. La digestibilité demande que les aliments introduits se dissolvent facilement, et que presque tous leurs éléments puissent être assimilés sans trop d'efforts.

Prenons encore en considération les axiomes suivants : 1° Un élément primitif où simple ne se change jamais en un autre, par exemple le carbone ne devient jamais de l'azote; 2° les organes exigent strictement leurs éléments essentiels et toujours et dans la juste mesure; la formation des os, par exemple, se fait par le phosphate de chaux et les différents sels nutritifs. De ces principes, concluons que la nature se vengera toujours de l'arbitraire qui a présidé au choix des aliments. Prenez uniquement pendant un certain temps des aliments privés d'azote, vous sentirez bientôt vos forces diminuer; abstenez-vous quelque temps aussi des aliments inorganiques, les os se déclareront bientôt peu satisfaits.

Il suit de cet exposé que toute l'importance de notre alimentation est dans cette règle : Nous procurer les trois espèces d'éléments nutritifs et dans les proportions exigées. Si une seule partie du corps reste en retard quant à la formation, il est très difficile et souvent impossible de réparer le temps perdu. Nous n'avons pas besoin d'être du nombre des méticuleux, de faire peser chaque mets et de l'interroger sur sa force nutritive, mais nous devons écouter la voix de la nature, nous ne devons pas mépriser les droits sévères de notre organisme, ni exciter nos organes à un combat où ils auront le dessous, sinon nous sentirons la main de la mort peser sur nous chaque jour plus lourde.

Si l'expérience des hommes compétents nous désigne des mets qui suffisent à tous les besoins, acceptons-les volontiers lors même qu'ils seraient contraires à notre goût et à nos habitudes; si nous connaissons des aliments nuisibles, évitons-les quoiqu'ils nous conviennent ; si nous en savons certains qui n'ont pas les éléments suffisants, nous leur en adjoindrons d'autres plus nutritifs. Il nous faut de la fibrine, du gluten, de l'albumine, des principes sucrés ; l'expérience et la science nous indiquent les aliments qui les contiennent.

Il est clair d'après cet aperçu que nous avons besoin de sels nutritifs, mais que nous pouvons nous passer du sel de cuisine qui n'est qu'un excitant dépourvu d'éléments nutritifs et qui s'élimine par l'urine sans être digéré. Certes le chlore et le sodium, les deux corps simples du sel commun, se trouvent dans notre corps, mais les organes les ont puisés dans les aliments et non pas dans un sel indigeste.

---

§ 4. — L'assaisonnement.

Le sel doit être employé en minime quantité, puisqu'il a beaucoup d'inconvénients et n'offre que très peu d'avantages; nous dirons la même chose de toutes les épices, poivre, persil, muscade, cannelle, etc.; elles ne contiennent pas de matières nutritives et sont des excitants dangereux pour la santé. Elles devraient être considérées comme une médecine, c'est-à-dire être employées seulement dans des cas, où leur secours est réclamé par un besoin particulier. Il est bon, par exemple, d'avaler pendant un certain temps quelques graines entières de poivre contre le froid de l'estomac; de même aussi le persil, la cannelle peuvent activer un estomac affaibli et avoir un effet contre d'autres maux.

Toutes les épices causent une digestion trop rapide; elles contraignent les appareils de la digestion à un surmenage de travail qui absorbe peu à peu leurs forces, de sorte que ces appareils ne peuvent plus fonctionner qu'à la suite d'excitations réitérées. Les résultats seront fâcheux. Le sang renfermera des éléments qui ne lui conviennent pas, les épices elles-mêmes passent en partie dans les vaisseaux sanguins, et c'est justement là qu'elles exercent leurs forces destructives par la surexcitation des nerfs, par l'appauvrissement du sang. Inflammations, maux de tête, toutes les maladies possibles seront alors à redouter.

Concombre, *céleri*, *ail*, *asperge* même : tous ces végétaux sont de mauvais aliments ; ils sont difficiles à digérer et ils ne font que molester les organes.

Les *oignons*, pris rarement et en petites quantités, aident à la digestion ; ils sont un évacuant des gaz, un diurétique, mais leur emploi immodéré cause des indigestions. Combien sont grands les préjudices causés par les épices, comparés à leurs avantages ! Mais que voulez-vous ? Maint estomac malade demande toujours ce qui est piquant, réclame un nouvel excitant qui l'éveille, sinon il ne veut plus travailler ; en fin de compte ce seront seulement les plus forts excitants qui détermineront le pauvre affaibli à remplir ses fonctions. Et la somme des misères de l'homme ira grossissant chaque jour en même temps que le nombre de ses besoins grandira. Combien il serait facile d'éviter cette triste destinée ! Pourquoi ne pas nous contenter des aliments que Dieu nous place sur la table de la nature sans toutes ces préparations factices? Ce qui vaut très cher sera-t-il seul de notre goût, méritera-t-il seul notre estime ? Ce qui coûte peu ou rien sera-t-il pour nous sans valeur ? Il y a des hommes qui parlent contre leur conviction et qui n'ont d'autre but que de gagner de l'argent : trop facilement nous prêtons l'oreille à leurs doctrines culinaires. Un aliment qui est bon cesse-t-il de l'être, parce qu'il coûte peu ou parce qu'il s'offre à nous sous une apparence modeste? Combien malheureux sont ceux qui, par leur propre faute, ne font que débiliter chaque jour l'estomac, ce fidèle serviteur! La faute peut être attribuée souvent à la coutume de prendre les mets sans réflexion aucune, comme les règles de la cuisine exigent qu'ils soient préparés. Puisqu'on s'en est toujours tenu à cette préparation-là, puisqu'on nous a toujours présenté cet aliment, tout est bien, tout est bon. La plupart des hommes mangent des sauces piquantes et de toutes les épices possibles et ne calculent pas quel préjudice cela leur cause.

En principe, le corps a reçu du créateur la force de faire lui-même son travail, il n'a pas besoin de notre secours; par sa répugnance il nous indique ouvertement ce qu'il ne veut pas, ce qui ne lui convient pas; un secours raisonnable de notre part lui fait du bien, mais un secours trop empressé et mal compris est un attentat qui affaiblit beaucoup d'hommes et les pousse vers la tombe avant le temps.

Puissions-nous guérir le monde du préjugé que les excitants sont nécessaires à une digestion réglée, et sont des réconfortants pour le corps! Non, les excitants provoquent les forces naturelles à un combat insensé, les poussent à un surmenage pernicieux. Quoi de plus déraisonnable ?

---

§ 5. — La force nutritive de quelques aliments.

Le *bouillon* est un de ces excitants sans beaucoup de force nutritive. Comment? le bouillon? le bouillon que certains médecins recommandent comme fortifiant, comme savoureux? Oui, le bouillon. Il n'a pas l'azote de la viande, comment peut-il fortifier ? Il est démontré que la graisse, le beurre, le saindoux ont très peu d'azote; le bouillon est dans le même cas. Il a une certaine valeur, mais c'est une grande erreur que de compter le bouillon au nombre des réconfortants. Maintenant les désavantages! Une bête de boucherie était malade, et la plupart le sont, le bouillon s'empare des germes de cette maladie. Le bouillon excite tellement le sang et les nerfs que beaucoup de convalescents, pour en avoir bu, ont été repris par la fièvre et que leur maladie eut une issue fatale. C'est la chaleur, ce sont les épices qui nous le rendent acceptable. Privé d'épices et à l'état froid il nous répugnerait et il causerait des vomissements à la plupart des hommes, preuve évidente qu'il ne convient pas par lui-même à l'estomac.

Le *sucre* a une force nutritive, qu'il vienne de la canne à sucre, des betteraves, du miel ou du raisin. Il renferme d'excellents principes pour l'oxydation, mais il est difficile à digérer et il finit par ruiner complètement l'estomac. Il ronge les dents, affaiblit les intestins, produit dans le sang une sorte d'acidité; il est rafraîchissant et purgatif, diurétique, c'est donc un excitant.

Les anémiques et les affaiblis peuvent en tirer profit, en prenant un verre d'eau sucrée avec du pain noir entre le premier déjeuner et le repas de midi ; cette eau sucrée les réconforte et ne leur nuit pas. Prendre du lait avec le pain noir serait cependant chose préférable. L'eau sucrée agit plus fortement contre la soif et est moins dangereuse que l'eau pure.

Le *miel* est sans azote et difficile à digérer ; il est un excitant et un diurétique.

Les *œufs* ne possèdent pas la force qu'on leur attribue ; ils sont indigestes pour beaucoup de personnes, parce qu'ils excitent et échauffent. Un estomac les demande peu cuits, un autre les demande durs ; à chacun d'interroger son estomac à ce sujet. Une alimentation dans laquelle les œufs entreraient pour une part trop considérable serait malsaine et les mangeurs d'œufs sont débiles. Les œufs ne sont pas la nourriture convenable pour les enfants, puisqu'ils sont beaucoup trop excitants et trop peu nutritifs.

Les *légumes*, les *racines* comme les *betteraves*, la *rave*, la *carotte*, le *chou-rave*, le *radis*, etc., ont bien peu d'éléments nutritifs et encore la cuisson les fait-elle disparaître presque totalement ; ces végétaux amènent trop de matières séreuses dans le sang qu'ils affaiblissent en produisant une trop grande masse de chair sans consistance. Celui qui pourrait les manger crus en retirerait le plus grand avantage ; préparés à l'étouffée ces végétaux conservent le plus d'éléments nourrissants.

Les *légumes verts* peuvent se manger crus, mais il vaut mieux cuire ceux qui ont une forte odeur. La cuisson demande peu d'eau et point de sel, elle doit se faire doucement. Certains légumes deviennent meilleurs quand on les cuit avec des pommes de terre ou avec des fruits. Par exemple, le *haricot* et le *chou-rave* s'accommodent bien d'un mélange de *pommes de terre* ou de *poires* ; le *chou rouge* se mélange avec les *pommes;* le *riz*, avec les légumes en général. La digestibilité demande qu'on mette peu de *beurre* avec les légumes. Il nous sera très avantageux de manger les légumes avec la viande : nous serons alors forcés de manger plus lentement et la viande n'irritera plus autant les parois de l'estomac.

Jusqu'ici nous avons étudié la force nutritive de quelques mets et nous savons ce que nous ne devons pas manger. Accidentellement d'autres mets peuvent être indigestes ou tròp lourds; il ne faut jamais faire violence à l'estomac, il faut toujours, au contraire, le ménager et toujours écouter ses avertissements, ses répugnances quand il nous les manifeste au sujet de quelques aliments.

CHAPITRE II

DES FAUTES A ÉVITER DANS LA FAÇON DE MANGER

Il importe beaucoup de savoir quelles fautes nous devons éviter dans la façon de manger.

Nous ne devons manger : 1° ni trop vite; 2° ni trop chaud, ni trop froid; 3° ni trop liquide; 4° ni avec intempérance.

Le corps de l'homme vient de la terre, sa nourriture en vient aussi; tous les mets et toutes les boissons, la Terre-Mère nous les prépare sous les formes les plus variées. Quelles que soient ces formes et qu'elles répondent ou non à notre goût, c'est toujours de la terre que nous les tenons. La nourriture est la combinaison de l'air avec la terre, les organes ont la mission de rendre les aliments assimilables pour le corps. Les hommes peuvent aider bien peu à la digestion, le travail principal doit être l'affaire des organes. Aussi une des plus grandes fautes de notre alimentation est de vouloir faire d'une manière factice leur besogne et de chercher toujours à alléger leur travail. Par ces procédés nous débilitons les organes, nous les rendons paresseux, de sorte qu'ils remplissent mal ou ne remplissent plus leurs fonctions. Aucun raffinement dans l'alimentation ne pourra jamais remplacer les fonctions organiques, c'est pourquoi notre alimentation raffinée est le pire des attentats à la vie corporelle.

Tous les organes de la digestion doivent concourir pour leur part à la production d'une bonne digestion : les dents doivent bien mâcher; la salive, les sucs gastriques doivent agir dans toute leur force. En mangeant trop vite, trop chaud, trop froid, trop liquide, ou trop abondamment, nous mettons des obstacles à toutes ces fonctions.

Celui qui mange *trop vite* avale les mets sans les mâcher suffisamment; le bol alimentaire parvient trop vite dans l'estomac, qui est alors condamné à un travail trop fatigant.

Les mets *trop chauds* ou *trop froids* sont une mauvaise nourriture : le chaud délaie trop les sucs, débilite l'estomac et lui cause des aigreurs ; le froid lui enlève la chaleur nécessaire et rend les sucs gastriques inactifs. Les aliments *trop liquides* ne se mêlent pas à la salive ni aux sucs si nécessaires à la digestion.

Une alimentation *trop abondante* provoque de la part de l'estomac une révolte contre l'imprudence qui surcharge outre mesure. Si vous prenez les mets lentement, aussi secs que possible et à un degré de chaleur très peu élevé, le bol alimentaire se formera dans la bouche, il excitera la sécrétion des glandes salivaires, et la salive se mêlera suffisamment aux aliments. L'estomac aime à recevoir les aliments ainsi triturés et à cette température. Si le liquide fait défaut, les sucs gastriques seront forcés d'usurper la place de la salive et de décomposer à sa place les aliments. Si les aliments sont saturés de liquide, la salive ne sortira pas des glandes, les autres sucs demeureront dans leurs cellules. Il n'est aucun liquide qui puisse remplacer avantageusement ces sucs; car tout liquide doit lui-même être digéré par les sucs gastriques pour être utile au corps. Les aliments exigent du liquide dans une quantité telle qu'ils puissent se transformer en bouillie et soient capables de délayer suffisamment les sucs digestifs. Lorsque les mets sont surchargés de liquide, ni leurs éléments solides, ni leurs éléments liquides ne sont alors digérés parce qu'ils ne sont pas assez mêlés aux sucs gastriques.

Les mets chauds endommagent les dents et attaquent les nerfs glosso-pharyngiens; ils échauffent et affaiblissent l'estomac et le sang qu'ils accumulent et arrêtent dans les intestins. Le lecteur intelligent saura conclure : Je veux manger lentement, aussi sec que possible ; je ne veux pas débiliter l'estomac par le chaud, ni le gâter par le froid ; je ne veux pas l'inonder de liquide. La réforme me coûtera dans les commencements, mais je veux briser progressivement avec mes habitudes mauvaises, et je tiendrai avec énergie cette résolution que je n'aurai jamais à regretter.

CHAPITRE III

CE QUE NOUS NE DEVONS PAS BOIRE.

Ne serait-ce pas une excellente affaire que de se débarrasser une fois pour toutes de la faim et de la soif, et d'empêcher le retour de ces hôtes importuns? Ce serait un commencement du paradis en ce monde. Honneur à celui qui pourrait inventer des remèdes contre la faim et la soif!

Contre la faim j'avoue qu'il n'y a rien à faire qu'à l'apaiser, puis à recommencer quand elle se présente à nouveau. Mais il en est autrement de la soif : nous pouvons la tenir à distance et cela pour un temps très long; le remède est peu coûteux, il procure même de l'argent, car faire des économies n'est-ce pas gagner de l'argent? La soif pourra toujours renaître, mais les moyens qui nous débarrasseront d'elle, pour un temps assez long, ne doivent pas nous laisser indifférents. Ces moyens existent et ce ne sont pas des promesses illusoires que nous faisons.

M. Kneipp dit sous ce rapport : « Je n'ai jamais soif ». D'autres prétendent la même chose. Est-ce qu'ils possèdent certains secrets? Aucunement : tout ce qui pourrait s'appeler de ce nom répugne à M. Kneipp. Écoutez son conseil : « Ne buvez pas, et la soif ne vous tourmentera pas; préparez vos mets de telle sorte que vous n'ayez pas besoin de boire ».

Tous les spiritueux, comme le vin, la bière, l'eau-de-vie, le rhum, le cognac, renferment l'*alcool* qui agit en toxique : il accélère l'action du cœur, échauffe énormément le sang et par conséquent engendre une grande soif. Nous prenons des médecines, c'est du poison. Le café, la viande, le tabac, le thé, nous amènent des poisons que les savants désignent sous les noms de *caféine*, *créatine*, *nicotine*, *théine*. Il y a d'autres substances qui provoquent la soif, ce sont les épices, les sucreries. La soif nous déclare la présence de ces éléments destructeurs, elle veut que nous les tuions par l'eau, et les expulsions de notre organisme. Elle se gardera bien de nous conseiller d'augmenter la force de ces ennemis en ouvrant la porte à d'autres ennemis. Essayez pendant quelques semaines de ne manger rien, de ne boire rien de ce qui excite le cœur et échauffe le sang, les éléments séreux seront présents en nombre suffisant, et la soif n'aura plus qu'à battre en retraite. Celui qui suit un régime simple, qui se contente de peu de viande et de peu d'épices, et qui s'abstient des spiritueux, ne connaît pas beaucoup la soif. Arrière donc les choses excitantes; usez davantage du laitage; choisissez de préférence votre nourriture parmi les végétaux, et la soif comprendra qu'elle doit se retirer.

« Mais que faire tant que je souffre de la soif »?

Dois-je m'abstenir de vin, de bière, d'eau-de-vie? et le café qui m'est si cher, dois-je y renoncer aussi? Vous ne perdriez rien et vous gagneriez beaucoup pour la santé, peut-être même pour l'âme et en tout cas pour la bourse. L'eau est le meilleur remède contre la soif; boire sans soif est un non-sens et ne peut que porter préjudice. Le liquide vous vient assez abondant par les mets. « Si tout cela est si préjudiciable, pourquoi tant d'hommes ont-ils atteint un âge avancé, sans se soumettre à ces règles de tempérance »? Ils ne sont pas arrivés à une vieillesse avancée grâce aux forces qu'ils trouvaient dans les spiritueux, car les spiritueux n'en contiennent pas; d'autre part, on ne peut dire qu'ils soient parvenus à cette vieillesse en raison de la déperdition de forces que leur causait l'usage des spiritueux; ils atteignaient donc ce grand âge malgré toutes les fautes qu'ils commettaient contre l'hygiène. Comment cela? parce que Dieu le voulait, parce que leur nature pouvait parer à ces imprudences. Quel âge auraient-ils atteint, s'ils eussent été tempérants? Nous l'ignorons. Maintenant réfléchissez combien grand est le nombre de ceux chez qui ces imprudences ne resteront pas impunies. Qu'ils se rendent misérables! Voyez comment ils s'étiolent! Voyez combien meurent avant le temps! Resterons-nous insensibles à ce spectacle? ou plutôt ne dirons-nous pas : Je ne veux plus commettre cette imprudence qui fut fatale à tant d'autres. Ce qui tue des milliers d'hommes est un instrument meurtrier, auquel il m'est défendu de toucher.

---

§ 1. — L'alcool.

L'*alcool* est sûrement homicide. Il n'est pas mieux digéré que la pierre. Par son indigestibilité il excite les organes intérieurs à un tel point qu'il doit ruiner à la longue la plus forte constitution. La nature de l'homme fait tous ses efforts pour s'en débarrasser, soit par les pores, soit par les reins, ou encore l'urine et les selles ; mais cette opération ne s'accomplit qu'avec beaucoup de travail et non sans que cet homicide ait causé beaucoup de ravages. Une grande partie de cet alcool ne peut être éliminée par la nature ; il reste dans les vaisseaux sanguins et n'en devient que plus préjudiciable. Il n'est pas jusqu'à l'usage le plus modéré qui ne devienne un empoisonnement continu, si cet usage est répété chaque jour. Ces doses, si faibles qu'elles soient, demeurent dans les vaisseaux sanguins et provoquent, à une échéance plus ou moins éloignée, de terribles ravages.

L'animal s'enfuit, si vous lui faites flairer de l'alcool. Est-ce que cette répulsion instinctive n'est pas un enseignement pour nous ? Boire de l'alcool, c'est allumer un feu dans le corps même, un feu qui demande qu'on l'éteigne à l'aide de nouveaux liquides qui seront pour lui un élément nouveau. Du feu et encore du feu, de la soif et encore de la soif, tel est le sort de tous les buveurs de vin, de bière et d'alcool. Les résultats pour l'esprit et pour le corps sont inévitables : le corps se débilite, l'esprit s'émousse. Évoquez par la pensée le delirium tremens, les asiles d'aliénés et toutes les autres suites de cette funeste passion !

L'alcool amollit tous les organes, il paralyse les forces des muscles, il surexcite incessamment les nerfs, il détruit l'appétit et corrompt complètement le sang; il engendre les nombreuses maladies du cœur, de l'estomac, des reins, de la vessie, les hémorroïdes, la goutte, les abcès, le cancer; il fait vieillir et mourir trop tôt. L'alcool fait dégénérer le cerveau, le cœur et les vaisseaux sanguins; bref, ses ravages sont incalculables. Les ruines s'accumulent avec d'autant plus de rapidité que la victime est dans un âge plus tendre. Si la terre, où le vin est cultivé, était en majeure partie convertie en terre labourable; si les céréales qui sont distillées étaient employées pour une nourriture raisonnable; si l'alcool était prohibé comme poison : combien de nécessiteux l'on pourrait soulager et combien de détresses on pourrait secourir! Cette mesure serait presque à elle seule une solution de la question sociale. C'est précisément chez les pauvres ouvriers qu'on trouve plus vivace ce préjugé : « C'est l'alcool qui nous fortifie, c'est lui qui supplée chez nous à l'insuffisance des aliments, qui nous restitue nos forces perdues ». Ils ne comprendront jamais qu'ils rendent leur existence misérable, ou ils ne le comprendront que trop tard. Nous nous effrayons du choléra à cause de ses effets foudroyants, et nous ne tremblons pas devant un ennemi plus mortel, l'alcool, qui travaille sans cesse à la ruine de l'humanité, et qui tue chaque jour plus d'hommes que la peste : aveugles qui ne tenons pour nuisibles que les choses dont nous constatons sur-le-champ les suites funestes, et qui nous refusons de croire au mal, si certain qu'il soit, lorsqu'il n'arrive que lentement. Est-il possible que ce fléau ait pu faire tant de victimes! On s'oppose avec vigueur à la marche de tous les autres fléaux; celui-ci on le choie, on le traite comme le meilleur des amis. On donne de l'alcool aux jeunes enfants pour empêcher leur croissance et le développement de leurs forces, de leurs os; leur charpente sera frêle et misérable. L'alcool fait de ses victimes des brutes; mais des enfants, il en fait des crétins; il prépare le germe de la ruine des générations futures. Personne ne sait où s'arrêteront ses ravages. Puissions-nous le faire comprendre à l'humanité et la conduire par d'autres voies!

N'est-ce pas insensé de dire de l'alcool, des poisons, des excitants, du café : « Je ne crois pas que tout cela porte tant de préjudice »? Il suffit cependant de croire que le poison nuise à la santé. Tenez aussi pour certain que nul attentat contre la nature ne restera impuni; regardez ensuite les malheureux qui chaque jour ruinent de cette façon leur santé, et osez dire encore : « Je ne le crois pas ». Dites plutôt : « Ce qui convient à mon goût ne peut pas me nuire ». S'il s'agissait d'une autre personne, si vous-même n'étiez pas en cause, tout autre serait votre jugement; c'est donc la passion et la déraison qui jugent par vos lèvres. L'expérience et la raison me disent clairement ce que tôt ou tard il adviendra de vous. Peut-être continuerez-vous encore longtemps à affirmer : « Cela ne me fait rien » ; un jour viendra où vous confesserez que vous vous êtes trompés, mais ce jour viendra trop tard.

---

§ 2. — L'eau-de-vie.

L'*eau-de-vie* est pour la moitié composée d'alcool; elle est donc véritablement un poison qui tue. Est-ce possible de douter encore de sa force vraiment destructive? Heureusement, elle est souvent très atténuée; néanmoins elle reste toujours un poison, et encore ne parlons-nous pas de toutes les matières nuisibles que la falsification sait y mêler. Nous devons la déclarer un poison diabolique, puisqu'elle pousse ses victimes de chute en chute; elle les saisit et ne les quitte plus jusqu'à ce qu'elle les ait conduits à une fin misérable.

§ 3. — La bière.

La *bière* a de quatre à six p. cent d'alcool; le houblon est un faible poison, la fabrication contemporaine y mêle des poisons beaucoup plus forts : le colchique et la belladone. Combien d'autres matières funestes se trouvent dans notre bière par suite de la spéculation des fabricants sans conscience!

Les bons éléments de la bière, voire même l'eau, se corrompent, parce que la bière séjourne trop longtemps dans les tonneaux; ce qu'elle renferme d'éléments nutritifs est empoisonné; l'estomac des buveurs de bière le démontre par l'odeur fétide et insupportable de leur haleine. Que dirons-nous des autres suites funestes provoquées par un rafraîchissement trop subit, par l'intempérance? Qui voudrait plaider encore la cause de la bière? Mais, dit-on, elle fortifie, elle engraisse et donne de l'embonpoint. Si c'était réel! D'abord les hommes n'ont aucun avantage à acquérir de l'embonpoint. Puis, si vous rencontrez un buveur de bière réellement robuste, soyez sûr que sa force ne lui vient pas de ce poison : il en fait un usage modéré, et il demande la force à une autre nourriture vraiment fortifiante. L'embonpoint des adorateurs de la bière n'est qu'une chair sans consistance ; ces individus ne supportent pas les travaux sérieux ; ils deviennent asthmatiques vers quarante ans, ils éprouvent de la suffocation, à cinquante ans au plus ils sont brisés. La bière débilite les organes intérieurs, elle ralentit la digestion et trouble beaucoup l'assimilation. De là le teint pâle des buveurs de bière, leur anémie, leur lassitude, leur indisposition continuelle. L'abus de la bière conduit à l'hydropisie, à la goutte, à l'apoplexie, au diabète.

Trois graines du colchique tuent un cheval, la belladone est un poison assoupissant, et notre bière serait inoffensive ! Si elle ne contenait que de l'alcool, elle serait nuisible encore : tout excitant engendre de la lassitude. La bière provoque la soif et l'augmente de jour en jour, c'est pourquoi les adorateurs de cette boisson tombent si facilement dans l'intempérance.

---

§ 4. — Le vin.

Quelle note donnerons-nous au *vin* qui « réjouit le cœur de l'homme » ?

L'Écriture sainte dit aussi : Le vin, bu sans modération, importune le cœur (Sirach). Nous pouvons donc affirmer ces deux propositions, contradictoires en apparence : le vin est utile et le vin est nuisible. Il est utile, s'il est bu rarement et en petite quantité, il est utile et il réjouit seulement lorsqu'il est un stimulant bienfaisant à l'organisme auquel il fournit du calorique et de l'activité.

Puis cette boisson est dépourvue d'éléments nutritifs : un petit morceau de pain qui ne coûte presque rien donne plus de nourriture qu'une bouteille du meilleur vin. Elle contient aussi de l'alcool qui est un excitant. Prise en grande quantité elle devient « un feu intérieur », selon l'expression de M. Kneipp. Par lui-même le vin ne donne pas de forces, il ne peut qu'exciter les forces présentes, stimuler les organes à mieux accomplir leur tâche. Donc, il fait beaucoup de bien, direz-vous. La vérité est qu'il produit à peine quelque bon effet; il est loin d'exercer l'action bienfaisante qu'on lui attribue dans la vie ordinaire, et nous détruisons ce qu'il peut posséder de bon en usant de lui trop fréquemment et à doses trop considérables.

Un exemple fera mieux saisir notre pensée. Trois ouvriers sont presque dans l'impossibilité d'achever leur ouvrage pour le terme prescrit; leurs forces sont épuisées, ils sont pleins de bonne volonté, mais ils se disent avec raison : Il nous est impossible de fournir aujourd'hui notre tâche. Le surveillant arrive : ces ouvriers redoublent d'efforts et parviennent à finir leur travail. Les ouvriers diront : C'était là une besogne pénible; si nous devions travailler plusieurs jours comme aujourd'hui, nous succomberions. — Mais vous étiez plus alertes quand ce surveillant survint? — Oui certes, mais sa présence ne nous apportait pas de nouvelles forces, nous devions au contraire nous livrer à un surmenage épuisant pendant qu'il était auprès de nous. Si nous étions forcés de travailler ainsi pendant plusieurs jours, nous devrions rendre les armes.

Que chacun fasse au sujet qui nous occupe l'application de cet exemple.

Le surveillant c'est le vin, ce sont en général tous les spiritueux.

Bu à contretemps, trop souvent en grande quantité, le vin devient facilement pernicieux, surtout s'il est falsifié. Celui qui n'en boit pas ne perd rien, parce que les organes sains exécutent leurs fonctions sans excitant.

Prétendre le contraire serait accuser Dieu de s'être trompé dans son œuvre. Combien d'hommes sont obligés de ne boire ni vin ni alcool! En sont-ils moins forts, moins bien portants? Le vin a des résultats fâcheux pour celui qui est nerveux : insomnie, surexcitation, affaiblissement ; le vin peut devenir pour lui un vrai poison.

Beaucoup d'hommes ne digèrent même pas le vin à cause de la faiblesse de leur estomac. Donc aux affaiblis il porte préjudice ; les forts n'en ont pas besoin ou rarement. Si les forces s'épuisent, on peut les stimuler parfois par un verre de vin ; mais si ce verre est trop souvent répété, le vin n'a plus aucun effet, ce qui prouve une fois de plus qu'il en faut user rarement.

Le vin bu en mangeant trouble sans contredit la digestion. Nous ne nous faisons pas illusion que nous prêchons à des sourds ; mais nous trouvons la confirmation de ce que nous avançons dans les témoignages sans nombre des malades chez qui le vin a ruiné l'estomac, les nerfs et toute vie organique.

Eux nous applaudissent, disant : Vous avez raison. Ce témoignage nous suffit, il est le seul que nous ambitionnons.

---

§ 5. — Le cidre.

Le *cidre doux* de pommes, de poires, etc., n'a pas d'azote, pas d'éléments nutritifs, il n'est qu'un excitant et n'agit que comme tel. Vous croyez cependant en tirer grand profit pour votre corps : de la chaleur, de la force pour le corps et pour l'esprit, pour la marche et le travail; nous vous répondons : Les aliments proprement dits procurent des forces, ils n'ont que des avantages et pas d'inconvénients, ils sont donc en tout cas préférables.

---

§ 6. — Le café.

Disons maintenant ce que nous pensons de la boisson la plus répandue et la plus estimée : le *café*.

Il y a deux cents ans, cette fève fut transportée par mer à Marseille. Tous les hommes étaient alors d'avis qu'il contenait un poison lent et pernicieux. Ceux qui en absorbèrent furent malades. Et aujourd'hui encore, si quelqu'un en prend après s'en être abstenu durant un certain temps, il ressentira les mêmes effets. La fève arabe fut importée contre l'avis de tous les gens raisonnables, et précisément parce qu'elle était un excitant, elle eut gain de cause contre la raison.

Celui qui observe un peu les maladies des hommes comprendra facilement que les poisons médicaux et les poisons des végétaux, comme la caféïne, la théïne, etc., sont la cause principale de l'affaiblissement du genre humain. Si la caféïne provient du café, elle doit y être contenue. Les médecins qui emploient les poisons dans leur médication ne porteront jamais un jugement sévère contre le café, mais eux aussi admettent que le café n'a pas d'éléments nutritifs, qu'il est un excitant violent. Sa fève ne donne pas une force réelle, elle excite les nerfs ; à l'excitation succède l'affaissement. Une forte dose de café paralyse les organes. Le café précipite les aliments hors de l'estomac avant qu'ils soient digérés ; les intestins seront donc obligés d'accomplir le travail de l'estomac, ce qui est pour eux une cause de fatigue considérable. Cette boisson chère à tant d'hommes trouble la digestion au plus haut degré. « Moi, je ressens une meilleure digestion, si je prends du café après dîner ». Vous êtes misérablement dupé ! Si vous portez beaucoup d'argent et qu'un voleur vous en débarrasse, vous marche alors plus alertement et vous vous estimez plus vigoureux. De même, vous avez absorbé une quantité de nourriture plus considérable que de coutume, votre estomac se trouve surchargé ; ou bien vous avez mangé un mets trop lourd qui pèse sur l'estomac, et vous prenez du café ; le café pousse ce mets dans les intestins, où il trouve devant lui un plus grand espace. Mais, là où il n'y a pas de digestion, il ne peut y avoir profit ni pour le sang ni pour le corps. Quelle conduite déraisonnable! Pourquoi prendre un aliment trop lourd ou pourquoi prendre trop de nourriture? Est-ce pour le plaisir de précipiter, à l'aide du café, le bol alimentaire dans les intestins au risque de les endommager? Le café n'aide pas à la digestion, il ne peut que nuire à l'estomac et aux intestins. Dites maintenant que c'est un allégement que le café vous procure. Il eût été plus simple de manger moins, vous eussiez réalisé des économies sur votre nourriture et vous n'eussiez pas éprouvé le besoin du café. Si les appareils de la digestion sont surexcités et troublés profondément dans leurs fonctions, la digestion sera elle-même troublée, et l'anémie en sera la conséquence fatale.

Plus l'individu est jeune, plus le café lui est pernicieux. Pour les enfants et pour les femmes à qui il est si cher, le café est donc un poison qui donne la mort. Vous vous récriez? Mais écoutez : un ver qui s'est introduit dans du bois, le ronge; vous n'en apercevez peut-être aucune trace, ou vous n'y prenez pas garde; bientôt cependant ce bois carié s'effrite : c'est l'œuvre du ver. Le café est le ver rongeur du genre humain. Ne dites donc plus : « Il y a longtemps que je bois du café et je ne me sens pas plus malade pour cela ». Si vous vouliez réfléchir, vous pourriez découvrir les traces du ver; mais vous ne voulez pas, et le ver continue ses ravages. Il lui faut plus de temps pour entamer un bois résistant, mais son œuvre avance sûrement, quoique lentement.

Il est possible qu'une nature vigoureuse qui absorbe beaucoup de nourriture, puisse résister longtemps en apparence à l'action du poison, mais qui peut répondre de cela? Tout au contraire nous savons de science certaine que ce qui est pour les autres une cause de ruine peut l'être également pour nous-mêmes. Il est plus facile de prévenir une maladie que de la combattre.

Pourquoi mêler des éléments destructeurs aux matériaux dont l'édifice doit se composer? N'est-ce pas pour le moins un acte déraisonnable?

Pourquoi le café restera-t-il le ver rongeur de l'homme? Parce qu'une fois le malheur a voulu qu'il fût admis sur nos tables? Par sa force très excitante il attaque les parties du corps l'une après l'autre, les débilite et finit par émousser leur force. Le café double l'activité intérieure, sous son action la digestion est accélérée; aussi les aliments ne sont-ils pas suffisamment digérés avant d'entrer dans la composition du sang. La nourriture traverse le corps à demi digérée et ne lui donne pas beaucoup d'éléments nutritifs; la partie délicate des viscères est surmenée en pure perte et pour ainsi dire torturée, parce qu'une activité forcée lui est imposée. Les fonctions s'accomplissent plus difficilement et plus lentement de jour en jour, tout cela au grand détriment de la santé. Anémie des plus accusées, manque d'appétit, charpente débile du corps, tels sont les premiers résultats. Puis les maladies surviennent en foule: la chlorose, les indigestions, les crampes, le cancer stomacal, les congestions, les stagnations du sang dans l'abdomen, l'affaiblissement de l'estomac et des entrailles, les hémorroïdes, l'agacement des nerfs. Pour les enfants et les adolescents l'œuvre de destruction marche plus rapidement encore. Le café serait si facile à remplacer par des produits indigènes qui sont sains et nutritifs. N'oubliez pas les falsifications du café, le désavantage qu'il a d'être un liquide mêlé toujours aux mets, d'être pris généralement trop chaud. Que celui dont la conviction n'est pas formée encore, s'en aille contempler à Woerishofen toutes les physionomies où se reflètent tant de souffrances, et il avouera que le café mérite bien le nom que nous lui avons donné, qu'il mérite bien d'être appelé homicide.

---

§ 7. — Le thé.

Le *thé* est le frère du café, doué des mêmes propriétés. On le connut en Europe un peu avant le café. Il nous vient de la Chine et du Japon, il est souvent falsifié. Le thé fort a par son tannin un effet étourdissant jusqu'à la syncope ; c'est un meurtrier terrible pour les nerfs, il débilite l'estomac et les viscères qui en dépendent, il cause même la décomposition du sang.

Le fraisier, le rosier, la ronce des haies, l'églantier fournissent par leurs feuilles un bon thé préférable de beaucoup au thé d'Asie.

---

§ 8. — Le cacao.

Le *cacao* qui entre dans la composition du chocolat croît dans les Antilles, au Brésil, au Mexique et dans l'Amérique du Sud. Il est assez recommandable, bien qu'il ait une action trop échauffante. Il doit être évité par ceux qui ont un mauvais estomac ou qui sont fiévreux. C'est un poison très faible, il a beaucoup d'éléments nutritifs, il est digestible et bon contre la diarrhée.

Les *eaux minérales* sont dangereuses comme boissons à cause des sels qu'elles renferment.

---

§ 9. — Le tabac.

Au risque de déplaire aux fumeurs, nous dirons aussi un mot de leur noble passion; mais pour ne pas blesser, tout en disant la vérité, nous nous en référerons à ce que dit du tabac la chimie : « La nicotine est le poison le plus terrible; le tabac ordinaire en contient 7 à 8 p. 100 ». Mentionnons encore ce que nous avouent les amateurs du tabac : « Si je suis un peu malade, le tabac ne me va pas; je sais bien qu'il n'est jamais à l'avantage de la santé ». Les fumeurs posent si facilement au médecin la question : « Est-ce que je dois éviter le tabac »? Donc ils sont éclairés sur les inconvénients de leur mauvaise habitude : qu'ils prennent des résolutions en conséquence. On a tort de dire : « Je ne mange pas le tabac, donc la nicotine ne peut me nuire ». Les membranes muqueuses de la bouche sont douées à un haut degré de la faculté d'absorber les principes morbifiques en contact avec elles. Tout l'organisme est tellement saturé de la nicotine que les anthropophages refusent avec dégoût de manger la chair d'un fumeur!

CHAPITRE IV

CE QUE NOUS DEVONS MANGER

Quels sont les aliments et quelles sont les boissons qui ne doivent pas trouver place sur nos tables? telle est la question que nous venons d'étudier. Répondons maintenant à cette autre question : Qu'est-ce que nous devons manger?

Il s'agit de donner au corps une charpente bien proportionnée et solide; il faut donner aux os ce qu'ils réclament, c'est-à-dire des sels nutritifs, et à l'enveloppe des os, aux muscles, aux nerfs et à leurs sucs ce dont ils ont besoin, c'est-à-dire de l'azote. Puis il faut prendre garde que la respiration s'accomplisse d'une façon aisée et normale, que la chaleur soit développée : fonctions qui ne peuvent s'accomplir sans les carbures d'hydrogène.

Où achèterons-nous tous ces éléments? C'est la Terre-Mère qui nous les fournit tous. A nous de trouver ceux qui nous sont les plus utiles.

Le règne végétal donne les sels nutritifs, l'azote et les carbures d'hydrogène; nous pourrions donc nous nourrir exclusivement de végétaux. Et les éléments adipeux du règne animal ne nous seront-ils d'aucune utilité? La viande procure de l'azote et des sels nutritifs, la graisse procure les carbures d'hydrogène : le règne animal contient donc aussi un approvisionnement très riche d'éléments nutritifs. Puisque Dieu a fait de l'homme le maître des deux règnes, puisque Dieu lui a soumis toute la terre, il lui sera avantageux de choisir ses aliments dans les deux règnes. Nous ne pervertissons pas la nature impunément, elle nous avertit clairement de choisir notre nourriture dans les deux règnes. Nous devons prêter l'oreille à ses avertissements.

Les plantes contiennent moins d'azote en général que la viande, les fruits à cosse font une exception; il nous faut donc prendre les végétaux en plus grande quantité, de là les grands désavantages des végétaux. La viande nous fournit une nourriture plus serrée et mieux préparée, le corps la digère plus facilement et il en réclame de moindres quantités.

Mais est-ce que la viande n'a aucun inconvénient? Ne nous y trompons pas. La viande est un aliment trop compact; aussi produit-elle facilement l'hypertrophie des organes, une surexcitation dont les suites sont fâcheuses.

Puis toute la digestion de la viande se fait dans l'estomac, les intestins restent donc inactifs durant ce temps; ils deviendront paresseux, la chaleur s'y développera outre mesure, et il en résultera une constipation opiniâtre.

Après l'abatage de l'animal la viande commence à se décomposer, à engendrer des matières toxiques. Les végétaux offrent une nourriture beaucoup plus naturelle sans surexciter, et ils sont des stimulants salutaires pour les intestins. Les constipations les plus opiniâtres sont vaincues par un régime végétal.

Autant nous devons avoir soin que notre nourriture soit suffisante, autant nous devons éviter qu'elle soit pernicieuse. Changer, varier raisonnablement, tel est le meilleur conseil de l'expérience.

Nous devons nous nourrir principalement de végétaux, et, dans cette alimentation végétale, nous introduirons la plus grande variété; parfois aussi nous mangerons de la viande. La viande ne doit pas être mangée sans complément; il faut éviter qu'elle cause une hypertrophie ou une surexcitation. *Mêler* les aliments, prendre ceux qui sont les plus digestes, qui fournissent des matières assez nutritives et en assez grande quantité, telle est l'alimentation la plus utile. Kneipp dit à ce sujet : « Le bon Dieu a eu le plus grand soin des pauvres, puisque c'est précisément à eux qu'il a offert les meilleurs aliments ». Le riche fera bien de choisir les aliments du pauvre ; le pauvre se rend malade, s'il s'assied à la table du riche, même s'il reste sobre.

La table du pauvre nous offre une *alimentation mêlée* et l'alimentation la mieux réglée, à moins qu'elle ne soit des plus pauvres. Sur cette table nous voyons le *lait*, le meilleur des aliments ; les *fruits à cosse* y prennent place auprès des *céréales*, c'est-à-dire que nous y trouvons les farineux ; la *viande* s'y rencontre plus rarement et en plus petites quantités. Voilà la meilleure des règles. Ces gens dont l'alimentation est si simple sont les hommes les plus robustes, à moins toutefois que l'air, les bons vêtements ou la propreté ne leur fassent défaut.

---

§ 1. — Le lait.

Le lait est le *meilleur* des aliments, parce qu'il renferme le plus d'azote et de plus tous les éléments nutritifs nécessaires, comme l'albumine, les sels, le sucre et la graisse. Il est en même temps aliment et boisson, et capable à lui seul de nourrir l'homme pendant un assez long temps.

Aussi le lait est-il pour le pauvre le plus précieux des aliments : le lait de la chèvre est préférable à celui de la vache. Mais, hélas! les meilleures choses ont leur revers en ce monde. Le lait, pris en trop grande quantité ou trop souvent, n'est pas sans grand préjudice ; il cause des aigreurs d'estomac et même des vomissements. Le lait peut renfermer des matières morbides. Comment obvier à cet inconvénient? Dans le doute ne prendre que du lait cuit, jamais en grande quantité, peut-être le couper d'eau. Une vache malade donne du lait malsain; l'ébullition élimine toute matière malsaine.

Un demi-litre de lait est souvent trop pour un demi-jour; essayez de prendre une cuillerée par heure. Si vous prenez une plus grande quantité, ajoutez un peu de pain bis. Voulez-vous une médecine utile pour l'estomac? versez trois gouttes de teinture d'absinthe dans une demi-tasse de lait et prenez toutes les heures une cuillerée de cette boisson.

Le lait est encore un aliment très précieux parce qu'il fournit les mets les plus différents. Prenez un vase rempli de lait : en haut vous verrez la *crème*, puis plus bas le *lait caillé* renfermant le *petit-lait*. Toutes ces parties sont plus ou moins à estimer. Ce qui du lait nous est le plus agréable est aussi ce que nous estimons davantage; nous avons tort, c'est ce qui a le moins de valeur : ainsi, la crème et le beurre sont surtout recherchés, cependant ils fournissent le moins de nourriture parce qu'ils ne renferment que peu d'azote. Le *beurre* est la graisse du lait; toutes les graisses ont peu d'éléments nutritifs et sont pour la plupart difficiles à digérer. Le vieux beurre est nuisible. C'est le *lait caillé* qui renferme les bons éléments, le sucre et tous les sels nutritifs; on le dédaigne, mais il est après le lait doux le meilleur des aliments. Il n'a qu'un inconvénient, celui d'être trop rafraîchissant pour maint estomac. Le lait caillé, privé du petit-lait, nous fournit un autre mets qui lui aussi est souvent dédaigné ou peu estimé : c'est le *fromage blanc* qui prend différents noms. Il renferme de l'albumine, de la fibrine et du sucre, les éléments les plus nécessaires précisément à l'entretien du corps; il est facile à digérer et n'est pas trop rafraîchissant.

Nous ne comprenons pas qu'un mets si précieux ne prenne pas place sur toutes les tables. Le pauvre n'en use qu'à contre-cœur; s'il est admis à la table du riche, il se trouve offensé si par hasard on lui sert du fromage blanc. Vous avez tort, mon ami : ce n'est pas ce qui coûte le plus cher qui vous procure le plus d'éléments nutritifs. Le fromage est un doux rafraîchissant et pour ce motif, l'estomac s'en accommode très bien. Il ne molestera que l'estomac qui a trop peu de chaleur animale. Nous verrons plus loin qu'on emploie le fromage comme moyen curatif.

---

§ 2. — Les fruits à cosse.

Les *fruits à cosse* sont après le lait les aliments les plus fortifiants. Ils portent leur fruit dans des cosses, de là leur nom. Les meilleurs sont : les *lentilles*, les *pois*, les *fèves* et les *haricots*. Tous ces fruits sont riches en azote, ils renferment de l'albumine, du phosphate, beaucoup de sels, donc tous les éléments nécessaires au sang, aux nerfs et au cerveau ; ils sont une nourriture préférable à la viande. Le premier rang appartient aux lentilles, le second aux pois, les fèves et les haricots sont moins estimables. Les fruits à cosse qui sont verts en été fournissent un aliment parfait. Les graines sèches, quand elles sont cuites, ne sont pas cependant à dédaigner. Ces fruits restent durs, s'ils sont cuits dans une eau calcaire chaude; il faut donc les mettre dans l'eau froide et cuire avec l'eau. Réduits en farine et pris sous forme de soupe ou de bouillie ils sont très faciles à digérer. Les farines de lentille, de pois et de fève sous forme de soupes ou de bouillies sont des mets agréables, surtout si de petites tranches de pain rôti y sont ajoutées. Sécher les légumes et les confire est un moyen de les utiliser comme aliments pendant l'hiver.

Conserve de pois : on choisit des pois solides et verts qui sont cependant assez tendres. Ils sont écossés, aussitôt après la récolte, bien débarrassés de tout accessoire et placés sur un linge propre et sec. Les bouteilles employées doivent être bien sèches, les bouchons doivent être neufs et bien desséchés. Les bouteilles remplies de pois et bouchées sont placées dans un récipient et enveloppées de foin pour être séparées l'une de l'autre. On verse dans le récipient de l'eau froide jusqu'au col des bouteilles. L'ébullition doit durer une heure, puis le récipient est enlevé du feu.

Quand les bouteilles sont refroidies, on les tire pour les cacheter. Les pois ainsi préparés restent tendres et ne demandent en hiver qu'une cuisson de très courte durée. Les haricots se conservent plus facilement. Les cosses assez tendres sont coupées en petites tranches et pressées dans un vase : généralement on prend une livre de sel pour sept livres de haricots. Le vase est rempli par couches, couvert et chargé d'une pierre ou de tout autre objet qui pèse sur le couvercle.

---

§ 3. — La viande.

La *viande* n'occupe parmi les aliments que le troisième rang. Nous avons énuméré les avantages d'une alimentation choisie dans le règne animal, sans oublier les désavantages qui sont plus considérables que pour les végétaux. La viande fournit un sang échauffé et impur, elle surexcite l'estomac.

Des médecins célèbres disent qu'après la digestion de la viande l'estomac est irrité pendant sept heures. On ne peut donc manger beaucoup de viande qu'au détriment de la santé. Les savants tolèrent 221 grammes par jour, une dose plus forte congestionne les poumons, la tête et tous les organes antérieurs ; elle produit un sang âcre, des constipations, des hémorroïdes, la goutte, les calculs.

Prenez pour règle d'ajouter aux viandes

beaucoup de pain, des pommes de terre, des légumes : de cette manière la viande ne touche pas autant les parois de l'estomac et ne peut exercer une excitation aussi pernicieuse.

Il s'agit encore de bien préparer la viande. La viande cuite est plus digeste que le rôti qui est cependant plus nourrissant. La viande fortement épicée est dangereuse, la viande salée et fumée échauffe beaucoup. Le porc est difficile à digérer et il est tel estomac qu'il peut molester sérieusement ; le jambon et les saucisses, aliments très échauffants, ne conviennent qu'à des estomacs robustes.

La valeur de la viande dépend du plus ou moins de *fibrine* qu'elle renferme. Le bœuf, le mouton, la volaille et le gibier en ont le plus. La volaille échauffe ; le gibier est de beaucoup préférable parce que sa viande est solide et exempte de matières morbides. La vie en plein air donne à sa viande les meilleures qualités. La viande est aussi nourrissante à cause de la *gélatine* qui se trouve par exemple dans le veau, les os des pieds des animaux, et à cause de l'*albumine* qui domine dans le cerveau, le foie et le sang. La gélatine et l'albumine ont moins d'azote que la fibrine.

La viande qui renferme les trois éléments presque en quantités égales doit être aussi très nutritive, comme celle des poissons et des écrevisses. Cette viande, quoique un peu difficile à digérer, à cause de l'huile qu'elle contient, est à recommander.

---

§ 4. — Les céréales

Passons aux céréales qui sont les aliments les plus nourissants du règne végétal.

a. *Le froment.* — Le *froment* occupe le premier rang.

Quand il s'agit des farineux, la préparation joue aussi un rôle très important. Leurs préparations sont des plus variées; la meilleure est le *pain*. Et encore faut-il distinguer entre les différentes façons de préparer le pain. Nous établissons la thèse suivante que nous démontrerons :

Le pain de froment composé de farine fine et d'une partie de son, pétri sans levain : voilà le pain le plus nourrissant et le plus utile.

De toutes les céréales le froment a le plus d'azote, le plus de sels nutritifs ; il ne le cède pas beaucoup à la viande sans en avoir les désavantages. Nous choisirons pour notre pain quotidien le froment.

Le *son* de froment est la partie qui renferme le plus d'éléments nutritifs ; cent parties du froment contiennent 21 parties de sels nutritifs; cent parties de la fleur de farine, ne contiennent que 5,5 parties: 21 — 5,5 = 15,5 sont donc restées dans le son! La proportion pour les autres éléments est semblable. Nous donnons le son aux bêtes qui s'en trouvent bien, et nous privons notre corps d'une matière très nourrissante. Donnons un exemple: Coupez en hiver une pomme, vous la trouverez peut-être creuse au milieu; vous voyez là des fibres très pâles converger vers le cœur. Si quelqu'un vous attribuait cette partie la plus « fine » de la pomme, vous vous estimeriez mal partagé, la partie solide vous semble bien préférable. Au centre de chaque graine de froment vous apercevez de même les parties les plus blanches, mais aussi les parties les plus faibles en éléments nutritifs. Nous extrayons ces parties avec beaucoup d'adresse et les désignons sous le nom de fleur de farine. Celui qui s'en tient de préférence à la partie solide et extérieure, agit plus prudemment: les parties que le soleil a nourries et échauffées de ses rayons sont plus nutritives que celles qui furent soustraites à son influence. Nourrissez une bête exclusivement de pâtisserie, avant un mois elle périra: donnez-lui pendant ce mois du pain au son, elle sera alerte et vigoureuse. Si la farine fine était la meilleure des farines, le gâteau devrait être la meilleure des nourritures; or, qui ne sait d'expérience le contraire? Nous avons donc raison d'affirmer que la farine mêlée au son est la meilleure et que la farine la plus fine est la moins bonne. Le son rend le pain plus nourrissant et plus sain; il est stimulant, bienfaisant pour l'estomac et surtout pour les intestins.

La digestion de la viande s'opère tout entière dans l'estomac, ce qui condamne les intestins à l'inertie; l'estomac ne peut pas digérer le son à lui seul, il doit laisser une bonne part de la tâche aux intestins. Le son donne donc de l'occupation à tous les appareils de la digestion, ce qui est plus naturel et ce qui deviendra un grand bienfait pour tout le corps. La fibre dite ligneuse du son est indigeste, il est vrai : il n'en résulte aucun inconvénient, si l'on a soin que cette fibre ne reste pas trop grossière; elle stimule alors les fonctions digestives d'une manière bienfaisante.

Le son rend le pain beaucoup plus poreux, plus ouvert, la mastication et l'insalivation s'opèrent mieux et l'action des sucs gastriques en devient plus facile; il rend même les autres aliments plus digestes en décomposant leurs parties; il purge les appareils digestifs des matières glaireuses, il apaise le sang trop échauffé, éteint la soif, produit de bons sucs gastriques et règle les selles. Quels services ne vous rend-il pas au point de vue de la santé! Oserons-nous le dédaigner encore?

Le pain sans levain offre de grands avantages : le levain décompose l'amidon du froment en acide carbonique, acide lactique et acide acétique, d'autant plus que la fermentation est longue et énergique. Les acides développés excitent beaucoup et enlèvent à la farine la plupart de ses éléments nutritifs. Les acides précités sont très préjudiciables à la digestion et à la formation du sang. Le pain sans levain ne fermente pas ou pas autant; il contiendra très peu de sel et pour ce motif nous évitera encore l'excitation produite par le sel de cuisine. Il y aura toujours un peu d'acide dans notre pain, ce qui ne le rendra que plus savoureux.

La farine ne doit pas être grossièrement moulue ; c'est pourquoi il vaut mieux la séparer du son et puis seulement la mêler au son. Si la farine est fine et que le son soit assez fin, l'air et l'eau peuvent mieux les pénétrer, donc le pain sera plus ouvert. Plus le pain est poreux, plus il se décompose facilement par la mastication et plus l'insalivation s'opère facilement. Le pain provenant d'une farine grossièrement moulue est trop lourd, il ne peut pas être suffisamment mastiqué et conséquemment causera des troubles d'estomac.

Préparez donc un pain de froment qui contienne un peu de son, choisissez une farine fine, n'y mettez pas de levain mais seulement un peu de sel, et vous aurez un pain excellent.

Mais comment pourrons-nous nous procurer cette farine et ce son?

Les meuniers n'aiment pas à moudre farine et son ensemble. Eh bien! nous accepterons leur farine fine; comme le son est séparé, elle en sera d'autant plus fine. Nous demandons que le son soit aussi moulu assez fin et criblé. Les deux éléments du pain seront de cette manière dans les meilleures conditions possibles et l'on aura le grand avantage de les mélanger dans la proportion qu'on voudra. Mêler à deux livres de farine fine une livre de son, voilà une excellente règle. Celui qui peut se procurer un concasseur ou aplatisseur (moulin à main), peut moudre lui-même le froment, prendre une livre de cette mouture et la mêler à deux livres de farine fine; cette quantité fournit deux pains. De cette manière on se passe de l'intermédiaire d'un meunier et l'on est assuré que les matières employées sont très pures. Pour faire la pâte on prend pour un sou de levure. Pour une plus grande quantité de farine il sera inutile d'employer beaucoup plus de levure.

La *levure* a beaucoup d'azote et d'acide carbonique, mais elle fait un pain un peu plus lourd. Une matière quelconque doit être employée pour faire lever la pâte ; la levure employée dans ces faibles proportions ne trouble pas la digestion. La farine est trempée dans de l'eau chaude, un peu de lait caillé ne sera pas inutile. On n'ajoutera pas de sel ou l'on n'en ajoutera que très peu. Ce mélange sera bien travaillé pendant une demi-heure à trois quarts d'heure et puis exposé à la fermentation pendant deux à trois heures. Aux deux pains qu'on fait de cette quantité on donne préférablement la forme d'un long carré. Chaque ferblantier peut fournir des formes propres à cet usage. La pâte reste dans ces formes jusqu'à ce que la seconde fermentation la rende gerceuse. La fermentation doit être lente. Pour empêcher les crevasses on y mêle du lait caillé, l'on peut dans le même but percer un peu la pâte à l'aide d'un couteau ou d'un instrument quelconque. Le pain peut être cuit dans un four de cuisine ou dans une cuisinière ; il faut faire un feu doux et l'entretenir toujours. Après une heure ou une heure et demie le pain précieux est fait. Enduire la croûte supérieure d'un peu de beurre échauffé est une opération qui donnera au pain l'apparence d'une excellente pièce de pâtisserie. De cette manière nous possédons un pain qui a toutes les qualités que notre estomac puisse exiger, un pain qui est toujours appétissant et que nous ne voudrons plus changer contre aucun autre. A la première vue on se dit peut-être : Je ne voudrais pas être condamné à manger toujours d'un tel pain; une première tentative suffira à convaincre que manger un tel pain ne constitue pas une pénitence.

Le pain au son fournit une bonne *soupe fortifiante*. Quelques petites tranches sont séchées sur un poêle par exemple, on les coupe en petits morceaux qu'on pulvérise dans un mortier ou qu'on casse à coups de marteau en les enveloppant dans un linge sec. On cuit d'abord du lait, dans ce lait on verse un peu de cette chapelure, on remue le contenu pendant trois minutes et la soupe fortifiante est faite. Une telle soupe, puis du café de malt au lait, un certain nombre de tranches de pain au son avec du fromage blanc, voilà un premier déjeuner des plus fortifiants. Un ouvrier robuste pourra même se contenter le soir d'un repas ainsi composé. Vous direz peut-être : Qu'une telle nourriture convienne à un ouvrier robuste, je vous l'accorde ; mais à mon pauvre estomac? Patience, notre pain arrivera à satisfaire aussi votre estomac. Si vous avez perdu vos dents, la soupe de santé que nous venons de décrire vous conviendra parfaitement. — Mais elle est trop lourde. — — Erreur. Par la dessiccation le pain perd beaucoup de son gluten qui se change en dextrine ; cette transformation empêche l'aigreur de l'estomac et rend la digestion plus facile. C'est pourquoi la soupe fortifiante est le meilleur des mets pour les enfants, les affaiblis, les vieillards et surtout pour les adolescents à qui elle donne les forces nécessaires. Aussi ce mets ne doit pas être mangé chaud mais doit être tiède. Vous craignez que ce pain ne soit indigeste pour vous. Vous pouvez vous convaincre du contraire, si vous essayez. C'est une erreur que de croire qu'un pain pesant soit aussi lourd à l'estomac. Vous serez étonné que ce pain lourd soit si facile à digérer. Commencez par en prendre peu, mangez lentement, mastiquez bien ; les inconvénients disparaîtront peu à peu et vous pourrez prendre davantage. Si néanmoins vous constatez encore des inconvénients, préparez un pain qui ait moins de son. Votre estomac se mettra à la raison et comptera bientôt au nombre des robustes. N'avez-vous jamais entendu parler du célèbre spécialiste J. Poapp, qui a guéri tant d'estomacs affaiblis ? Il dit : « Le pain de son devrait se trouver toujours sur la table d'un homme qui souffre de l'estomac ». Il n'y a pas de meilleur remède contre la diarrhée, contre le catarrhe intestinal, les hémorroïdes, la constipation, même contre le ténia, les ascarides et tous les caprices des organes de la digestion. On objectera : « Est-ce que tout le monde doit manger de ce pain » ? Celui qui fait cette objection n'est pas encore assez malade, sans cela il s'écrierait : « Quel bonheur d'avoir un remède qui guérisse d'une façon parfaite » ! Qui pourra déterminer la masse des hommes à substituer le pain noir au pain blanc ? La plupart d'entre eux ne sont-ils pas esclaves de la gourmandise ? L'anémie générale, l'abaissement des forces disent assez clairement que la plupart des hommes ne se nourrissent pas suffisamment. Beaucoup pourraient être sauvés, s'ils voulaient entendre raison. Nous plaidons la cause de l'alimentation la plus simple, la plus naturelle, la moins excitante. Ils sont dans l'erreur ceux qui disent : « Cela n'est pas de mon goût ». La nourriture la plus simple est celle qui plaît le plus longtemps ; de plus, elle seule est capable de nourrir les hommes et de les préserver autant que possible des maladies.

Voilà bien des raisons qui militent en faveur du pain fait à la maison. Si nous voulions mieux réfléchir aux fraudes et aux falsifications qui se commettent, nous serions pris de dégoût et nous nous déclarerions partisans de l'alimentation la plus simple et la plus naturelle.

Nous voulons indiquer la façon de préparer *différentes soupes* à l'aide des céréales :

1° Griller le pain, le cuire dans l'eau, puis le verser dans du lait cuit et remuer quelques minutes : voilà une soupe bien saine et fortifiante.

Remarquons ici une fois pour toutes que toutes les soupes doivent être assez *épaisses*. L'excès de liquide est nuisible à l'estomac, comme nous le disions. Celui qui n'aime pas cette alimentation doit s'y habituer peu à peu. Personne ne doit changer subitement sa manière de vivre, nous devons abandonner peu à peu une alimentation où le liquide entre pour une trop grande part et en venir à une alimentation sèche et solide.

2° Cuire du lait, y mêler du pain et cuire encore le tout durant quatre minutes : autre soupe fortifiante.

3° Deux poignées de graines de froment sont rôties, une poignée de graines de seigle rôties y est mêlée de même qu'un peu de son de froment rôti. Le tout est moulu dans un moulin à café, un peu de sel et de saindoux y est ajouté, puis on fait cuire en remuant : de cette façon on peut préparer une troisième soupe très nourrissante.

4° Rôtir du pain dans le saindoux, dessécher et en faire de la chapelure dont on jette quelques cuillerées dans du lait qui a bouilli, puis cuire le mélange pendant quatre minutes : encore une excellente soupe.

Ces soupes sont à estimer parce qu'elles n'engendrent pas de gaz et empêchent ou apaisent la diarrhée.

5° Moitié froment, moitié seigle, griller et moudre ; une cuillerée de beurre fondu et cinq cuillerées de cette préparation ; remuer et cuire doucement pendant un quart d'heure. Pendant la cuisson verser un peu d'eau : voilà une soupe précieuse pour un estomac malade. Les natures plus robustes peuvent prendre du lait à la place d'eau et cuire le lait en même temps.

6° Voici la recette d'une autre soupe pour un estomac malade : fondre du beurre ou du saindoux, y mêler des tranches de pain au son ; verser par-dessus de l'eau bouillante et cuire encore quelque temps le tout ; verser enfin le tout dans une soupière que l'on couvre pendant un certain temps.

7° La soupe *dite grillée* est préparée de cette

façon : de la farine grillée est cuite dans le lait ou dans un mélange moitié eau, moitié lait. La farine grossièrement moulue du froment ou de l'avoine peut servir le mieux.

Que quiconque veut se fortifier fasse usage de ces soupes trois fois par jour, en ajoutant un peu de pain. Après un certain temps, on éprouve une *sensation* de réplétion ; c'est un avertissement de prendre la soupe plus rarement et bientôt l'estomac s'en accommodera de nouveau.

Le pain au levain ne fournit pas une soupe fortifiante : il se pelotonne, et cause des aigreurs à l'estomac.

Souvent on nous a demandé : « Est-ce que ce grand nombre de soupes ne nuira pas ? Elles sont contraires au régime prescrit par Kneipp, qui veut une alimentation sèche ; or, ces soupes inondent l'estomac ».

Que la soupe soit épaisse, peu liquide, qu'elle soit prise en petite quantité et tiède, elle sera toujours utile et ne fera que fortifier l'estomac.

Le corps a vraiment aussi besoin du liquide. Prendre ce liquide en mangeant n'est pas une pratique recommandable, les soupes épaisses répondent donc le mieux à toutes ces conditions. Le liquide qui parvient sous forme de soupe dans l'estomac peut mieux se mêler aux sucs gastriques que si nous le prenions isolément ou à froid.

Une *soupe chaude* rend les meilleurs services dans les refroidissements, contre la migraine, les coliques et les crampes d'estomac.

b. L'épeautre. — L'épeautre n'est pas cultivé chez nous. Il fournit une farine excellente qui dans certains cas l'emporte sur la farine de froment.

c. L'avoine. — Que dirons-nous de l'avoine? mérite-t-elle d'avoir sur nos tables sa place? Pourquoi pas, si elle est nutritive. Aux chevaux elle donne plus de force, plus de vigueur et de résistance que toutes les autres sortes de céréales; elle doit donc posséder d'excellents éléments. L'avoine donne aussi à l'homme plus de force qu'on ne le croit communément. Pour relever une constitution épuisée l'avoine n'est surpassée par aucun autre aliment. Au lieu de pilules de fer, les chlorotiques ou les affaiblis devraient avoir recours à la farine d'avoine : elle est efficace lors même que tout autre aliment est resté sans résultat.

L'avoine nous donne le *gruau d'avoine*. L'avoine est pelée et la graine reste seule. On cuit le gruau pendant une heure dans du lait; il donne un bon mets pour le repas du soir. En le cuisant pendant deux heures on obtient ce qu'on appelle la *crème d'avoine*, excellente nourriture pour les enfants auxquels il donne des muscles robustes; s'ils sont très faibles, c'est l'avoine qui les sauvera. La crème d'avoine ne doit pas être cuite avec du bouillon, mais avec de l'eau et un peu de beurre; de cette façon elle a meilleur goût.

C'est avec la farine d'avoine qu'on peut préparer la *bouillie d'avoine.*

Un mot sur la *bouillie* en général : on ne doit pas manger souvent de la bouillie, elle développe trop le tissu adipeux, devient bientôt indigeste, parce que facilement on l'absorbe en trop grande quantité.

La bouillie d'avoine est un remède parfait contre les lourdeurs, les abcès et l'affaiblissement de l'estomac. Comment la préparer? On met de l'eau dans un vase, puis on y délaye la farine avec un peu de sel. La cuisson doit durer une heure. Le cuisinier aura soin que la farine ne brûle pas, ne reste pas en grumeaux, et ne soit pas trop liquide. Après la cuisson on y mêle un peu de beurre et mieux encore de petites tranches de lard, si l'on veut qu'elle ait meilleur goût.

Si l'on mêle à la farine d'avoine des graines de froment rôties et moulues, on obtient un aliment excellent. La bouillie d'avoine rend ce lait dans lequel la farine d'avoine a été cuite beaucoup plus digeste.

La boisson suivante convient beaucoup aux malades et aux convalescents :

Un demi-litre d'avoine est lavé plusieurs fois, puis on cuit l'avoine dans quelques litres d'eau jusqu'à ce que la masse ne soit plus trop liquide. On fait passer le tout par un linge propre, on ajoute une cuillerée de miel et l'on cuit encore quelques minutes.

La *tisane d'avoine* est efficace contre la pierre et les calculs. L'avoine est cuite pendant une demi-heure et la décoction est passée. On peut avec avantage prendre tous les jours deux tasses de cette tisane.

La *paille d'avoine* fournit aussi une tisane purgative et réconfortante ; elle doit être cuite pendant une demi-heure ou davantage encore. On passe le liquide, et la tisane est prête.

Un *remède réconfortant* : de l'avoine desséchée est moulue dans un moulin à café, et elle est cuite ensuite pendant une demi-heure.

Une *boisson rafraîchissante :* une poignée d'avoine est cuite trois fois, et chaque fois dans un quart de litre d'eau; on passe la décoction et l'on continue la cuisson jusqu'à ce que les graines s'entr'ouvrent : deux cuillerées de lait, une cuillerée de miel sont ajoutées.

Mêler un peu de farine d'avoine avec la farine de froment pour faire du pain est aussi chose recommandable.

d. L'orge. — La farine d'orge possède des qualités semblables à celle de l'avoine. La soupe préparée à l'aide de l'orge grossièrement moulue fournit un aliment des plus nutritifs.

e. Sarrasin. — Le sarrasin est nourrissant, mais il est inférieur aux autres céréales.

Il y a quelques préparations de farineux qui ne sont pas toujours à recommander. La crêpe, la gaufre, la boulette, les nouilles, etc., sont difficiles à digérer parce que ces mets ne sont pas assez poreux en général, et parce que la farine reste trop pâteuse. Prendre de la farine et la cuire pour faire des soupes, parfois des bouillies, voilà ce qui convient le mieux. Pour rendre ces mets plus agréables et plus digestes, on y ajoute de petits morceaux de pain rôti. On peut obtenir une bonne crêpe soufflée en mêlant du fromage blanc à la farine.

La farine de froment mêlée à du lait est

cuite en pain. On rôtit le pain, on le morcèle et l'on cuit cette sorte de chapelure avec du lait et du jaune d'œuf, de cette sorte on obtient un aliment excellent.

---

§ 5. — La pomme de terre.

La pomme de terre est très nutritive, c'est à tort qu'on a prétendu le contraire. Les bêtes nourries de pommes de terre prospèrent et acquièrent de la graisse. Elles sont plus utiles à la santé que les œufs parce qu'elles n'irritent pas l'estomac. Tous les malades supportent les pommes de terre, mais tous ne supportent pas les œufs. Les hommes bien portants devraient en faire un usage fréquent et les manger avec des pois ou de la choucroute. Ce mélange ajoute encore à leur valeur. Les pommes de terre gelées ou non mûres sont nuisibles, les pommes de terre frites ou en salade sont plus difficiles à digérer. Les baies et les germes des pommes de terre renferment un faible poison.

---

§ 6. — La choucroute.

Nous avons déjà dit quelques mots des légumes en général ; nous voulons dire le bien que nous pensons de celui de ces légumes qu'on nomme *choucroute*.

La choucroute est un aliment sain et stomachique : elle augmente et bonifie les sucs gastriques. Quelqu'un me dit : « Je ne la digère pas ». C'est possible, mais à qui la faute? à la choucroute ou à votre estomac? Peut-être à la choucroute qui n'a pas été bien préparée. Comment la conserver? Il faut que le chou soit bien taillé en parties assez nettes et fines, on emploie peu de sel, ou l'on n'en emploie pas du tout. On dépose plusieurs couches dans la tinette et l'on saupoudre les unes de genièvre, les autres de fenouil ; à d'autres on superpose même des raisins. De cette manière la choucroute est digestible et elle a bon goût. Elle ne sera pas cuite à l'eau mais à l'étouffée et avec très peu de sel.

L'eau de la choucroute est un bon remède. (Voir IIe partie.)

§ 7. — Les fruits.

Les *fruits* ont beaucoup d'éléments nutritifs et sont agréables, surtout quand ils ne sont pas pelés. Malheureusement beaucoup ne les digèrent pas non pelés. Les fruits sont rafraîchissants et calment les nerfs ; ils sont stomachiques, toniques, et facilitent les selles. Ils devraient être cuits à l'étouffée. Les fruits peuvent remplacer les légumes comme garniture de la viande. Le fruit séché est excellent. On peut le faire infuser dans l'eau, après un certain temps retirer cette eau et la purifier. On obtient de la sorte une *boisson rafraîchissante* et utile aux malades.

Les *pommes* sont le meilleur fruit, comme on le sait d'expérience.

L'ivrogne peut se guérir de sa passion s'il mange beaucoup de pommes.

Les *fruits à noyau* sont plus lourds, cependant ils sont sains, surtout si leur cuisson et leur préparation sont douces et simples.

CHAPITRE V

CE QUE NOUS DEVONS BOIRE

§ 1. — L'eau fraîche.

Nous devons boire de l'eau, voilà toute notre réponse.

L'eau a été créée comme boisson, et ceux qui regrettent que tout ce qui est potable ne puisse pas être utilisé, devraient d'abord recourir à l'eau.

Les éléments de l'eau sont nécessaires à la formation du sang. Nous avons dit dans notre *Manuel*, quels sont les bons effets de son usage à l'intérieur et à l'extérieur. Tout excès est nuisible, l'eau ne fait pas exception à cette règle. On peut, dans l'usage qu'on en fait, excéder la mesure. Alors elle affaiblit le sang, elle rafraîchit trop et refroidit l'estomac. La nature nous enseigne qu'elle répugne à ces excès : elle exhale par la transpiration l'eau qui lui est superflue. Boire peu, et ne pas boire en mangeant, voilà une règle importante.

Disons, en quelques mots, comment on

peut combattre la *soif persistante*, de manière à l'apaiser d'abord d'une façon notable, puis à la supprimer totalement :

1° Éviter les excitants; 2° suivre une cure d'eau raisonnée; 3° prendre chaque heure une cuillerée d'eau fraîche. Pour combattre la soif d'une façon plus efficace encore, on peut ajouter à une demi-tasse d'eau trois gouttes de teinture d'absinthe et prendre une cuillerée de cette préparation chaque heure; cette dose stimule en même temps la digestion, elle rend l'eau inoffensive et produit une plus grande activité dans les organes intérieurs. A l'absinthe on peut ajouter la sauge, le plantain ou toute autre herbe inoffensive. Si la *soif est ardente*, on peut mêler 2 cuillerées de la décoction de l'absinthe à un verre d'eau et prendre 1 cuillerée chaque heure d'une préparation semblable. Trois cuillerées de la tisane de la tormentille dans 1/4 de litre d'eau, ou 50 gouttes de teinture de tormentille dans 1/4 de litre d'eau composeront une boisson très rafraîchissante, dont on prendra une cuillerée chaque heure. Lorsqu'une quinzaine de jours se seront écoulés, l'hôte importun battra en retraite. Si la soif ne cédait pas, c'est qu'elle serait le résultat d'une maladie, et c'est cette maladie qu'il faudrait attaquer.

Pour fournir au corps le liquide qu'il demande afin de délayer dans une juste mesure les sucs gastriques, nous n'avons pas besoin d'une grande quantité de boisson. L'eau remplit parfaitement ce but et sans nul préjudice pour notre santé, si nous en usons raisonnablement. Oui, l'eau peut être en réalité considérée comme moyen curatif : elle rend le sang plus léger et elle le débarrasse de toutes les matières âcres et impures. L'eau est un dissolvant, un stomachique et un dépuratif; son usage à l'intérieur guérit mainte maladie, comme le flegme de l'estomac et des intestins, la constipation et même les maladies des reins.

Les boissons comme le vin, la bière et l'eau-de-vie peuvent être évitées sans préjudice; beaucoup vivent en bonne santé qui sont forcés de s'en passer. Les boissons plus utiles leur sont préférables, par exemple le lait, le café de malt, le café de blé ou le café de glands. Quant au lait, son utilité nous est connue.

---

§ 2. — Le café de malt et autres espèces de café.

Le *café de malt* est très nourrissant. Le malt provient de l'orge et de l'orge germée; il contient donc des éléments nutritifs; il fournit aussi de la dextrine et du sucre qui se développent par la fermentation. Le malt est même un moyen curatif, il est à préférer à l'orge pure.

On peut se procurer le malt en faisant germer l'orge. Pour cela on dispose l'orge dans un vase d'argile, on l'humecte et la tient humide pendant huit jours. Les germes apparaîtront en grand nombre. Si l'on dessèche cette orge, les germes se séparent facilement des graines et on a les fèves ou café de malt qu'on grillera et moudra. Pour donner un peu le goût de café à la boisson, on peut y ajouter quelques fèves du café ordinaire et mieux encore du café de glands, ou bien on peut saupoudrer de sucre le malt grillé et chaud; cette préparation le rend plus agréable. Celui qui prendra pendant huit jours du café de malt, se contentera de son goût et en fin de compte ce goût lui conviendra mieux que celui du café qui est amer, tandis que le premier est doux.

Une observation sur le *moulin à café :* au commencement il prend l'air comme s'il lui répugnait de moudre le café nouveau. L'orge, en effet, se charge d'humidité; il est donc nécessaire qu'on la dessèche avant de la moudre et le moulin pourra fonctionner. Le café de malt se compose de 1/3 de lait et de 2/3 de café.

Le *café au blé*, composé par exemple de froment grillé, est très à recommander.

Le *café de glands* est la boisson des enfants. Ils peuvent le supporter déjà à l'âge de quelques mois et lorsque par exemple le lait de la mère fait défaut. Il est un bon réconfortant et rend les meilleurs services contre le rachitisme, les scrofules, la faiblesse de l'estomac, la diarrhée. Aux enfants on donne cinq ou six cuillerées par jour.

Les *fèves* grillées fournissent aussi un bon café bien nutritif. On peut en donner aux enfants tous les jours, de trois à cinq fois, une portion de 4 ou 5 cuillerées.

Toutes les espèces de café se préparent de la manière suivante : Lorsque l'eau est en ébullition, les graines moulues sont versées dans l'eau pour être cuites pendant 3 ou 4 minutes. Pas de chicorée. Si l'on veut que le café soit sans marc, on y verse pendant la cuisson 2 cuillerées d'eau fraîche et le dépôt s'opérera sur-le-champ.

Malgré l'utilité de toutes ces espèces de café nous conseillons de ne pas inonder l'estomac ou de ne pas rendre trop liquides les aliments solides. En d'autres termes : on ne doit pas en prendre trop à la fois. Les panades méritent toujours d'être préférées à tout café quel qu'il soit.

Les espèces de café citées sont extrêmement peu coûteuses, mais très utiles à la santé. C'est donc une folie d'acheter des fèves vénéneuses étrangères à un prix exorbitant, et de dédaigner les meilleurs produits indigènes.

Les fruits nous fournissent aussi des boissons comme le *cidre*, le *poiré*. Nous l'avons dit, ces boissons n'ont pas d'azote, elles ne nourrissent donc pas; elles réchauffent un peu, mais comme elles excitent, grands sont leurs inconvénients. Elles sont très purgatives, et doivent donc fatiguer l'estomac.

Le *vin de groseilles rouges* et de groseilles vertes ne vaut pas mieux.

---

§ 3. — Le vinaigre.

Que dirons-nous du *vinaigre?* Nous connaissons sa force curative, quand on l'emploie à l'extérieur. A l'intérieur, il est un astringent, comme tout le monde le sait; il décompose le sang qu'il diminue et détériore. Le meilleur nuira donc, s'il est pris en grande quantité. On peut mêler un peu de vinaigre non falsifié aux mets, l'appétit se trouve alors stimulé. Une cuillerée à thé dans une soupe fortifiante produit un très bon effet. La salade demande trop de vinaigre, c'est pour cela que la salade au vinaigre est nuisible. La salade, qui est dépurative et saine par conséquent, est plus avantageusement préparée à l'aide de l'*acide citrique*. Achetez dans une pharmacie pour dix sous de cet acide, versez-le dans une bouteille, remplissez une partie de la bouteille ou la bouteille entière avec de l'eau, selon que vous désirez une acidité plus ou moins considérable.

Le vinaigre agit sur les organes à la façon de l'alcool. S'il est falsifié, quels maux ne peut-il pas causer! Dans la fabrication moderne on emploie du vitriol, de l'acide chlorhydrique, de l'acide sulfurique! Un peu d'acidité dans les mets ne nuit pas toujours, mais ce sont des estomacs malades qui demandent l'acide pour être excités, c'est l'indice qu'on souffre d'une phtisie ou qu'on en est menacé.

L'usage du sel, du vinaigre, des épices n'est qu'affaire d'habitude; la nature s'en passe très bien, elle déteste même ces ennemis.

M. Kneipp indique un moyen de préparer du *vinaigre d'orties*. Nous voulons le reproduire. On fait dessécher les orties vertes à l'ombre pendant trois jours. On les nettoie, on les découpe et on les jette dans un vase d'argile, muni d'un robinet. Les deux tiers du vase sont remplis d'orties, le reste est rempli d'eau et à peu près d'un litre de bon vinaigre. On ferme le vase avec du gros papier qu'on perce de beaucoup de trous à l'aide d'une aiguille à tricoter. Le vase sera placé dans un endroit légèrement chauffé par le soleil ou par un fourneau. Le vinaigre se fait dans l'intervalle de trois mois et il est bon et sain. Si l'on y jette des fruits ou l'écorce de pommes, on le rendra meilleur encore. On le met en bouteilles trois mois après.

On peut fabriquer un bon vinaigre provenant des pommes ou du vin ou encore du miel. Ce vinaigre est bon contre la soif. Le plantain, l'arnica fournissent aussi un vinaigre utile. Pour rendre le goût du vinaigre plus agréable on peut y ajouter des feuilles ou des tiges de romarin; les feuilles de l'absinthe ou de l'arnica augmentent sa force. Le bon vinaigre pris à petite dose et rarement, ne nuit pas : il purge l'estomac, stimule la digestion. Comme remède il est employé contre les enflures, les contusions, les empoisonnements du sang, les gencives enflées et les glaires de la poitrine. Pour les blessures on prend 4/5 d'eau, 1/5 de vinaigre. Comme gargarisme l'eau vinaigrée guérit les maux de la gorge. Dans l'application de la compresse abdominale le vinaigre rend les plus grands services.

CHAPITRE VI

DES VÊTEMENTS QUE CONSEILLE L'HYGIÈNE, ET DE CEUX QU'ELLE CONDAMNE.

Rappelons de suite quel est le but de nos vêtements, et nous saurons comment nous devons nous vêtir et quelles étoffes nous devons employer.

Les habits servent à couvrir le corps pour cacher la nudité et pour conserver au corps le calorique dont il a besoin. C'est à une nourriture suffisante que le corps demande la chaleur dont il a besoin. La nourriture en même temps que l'air fournit au corps le combustible qui doit produire la chaleur interne. Le corps veut être et rester en contact avec l'air : le poêle s'empare aussi de l'air, sans lequel il n'y a pas de combustion, pas de chaleur par conséquent. Le fourneau rend à l'air sa chaleur superflue, sa vapeur et sa fumée, sans cela le développement de la chaleur serait supprimé ou du moins ralenti. Il en est de même de la chaleur corporelle. Le combustible fourni par les aliments ne suffit pas seul, car l'air doit apporter sa coopération à cette production de la chaleur. Nous respirons l'air non seulement par la bouche et par les poumons, mais aussi par les millions de pores disséminés sur la surface du corps. Ce que le corps doit excréter comme inutile, il veut le restituer à l'air. C'est la chaleur superflue, ce sont des matières évaporées, etc. Nous pouvons bien nous définir « des êtres aériens », car nous vivons dans l'air et par l'air, et il importe beaucoup que l'air puisse exercer sur notre corps toutes les influences nécessaires. Nous avons besoin de l'air et de la lumière pour la vie; c'est pourquoi l'air doit être suffisant pour la respiration, et il doit circuler suffisamment autour de notre corps. Il nous faut un air pur, souvent renouvelé. Un air corrompu ne peut que porter préjudice à la santé, il n'est plus le conducteur de matières vitales suffisantes ou utiles. Nous compromettons très gravement notre santé par une mauvaise aération, par le séjour dans de pièces empestées pendant le jour et pendant la nuit; mais nous ne la compromettons pas moins gravement lorsque nous dérobons la peau à l'action de l'air par un habillement déraisonnable ou malpropre. Le vêtement, qui est l'intermédiaire entre le corps, l'air et la lumière, doit avant tout laisser libre accès à l'air, et ne pas soustraire le corps à l'action bienfaisante de cet élément de vie.

---

§ 1. — Quels sont les vêtements que condamne l'hygiène?

Le vêtement doit laisser libre accès à l'air pour pénétrer jusqu'au corps. Il doit ainsi n'être pas trop étroit, ni trop serré, ni trop épais, et doit être poreux et propre.

Les habits peuvent être trop étroits au cou, aux poignets et aux pieds. Il est exigé qu'ils soient larges, assez flottants et que le poids de chacun pèse sur les épaules. Les habits trop serrés empêchent le corps de se développer, ils le défigurent dans ses formes, produisent des irrégularités et par conséquent des maladies. De plus, ils empêchent la circulation du sang et par là même le développement du calorique. Ils empêchent ou rendent difficile l'accès de l'air, ce qui entrave la transpiration, la dépuration du corps et par conséquent le développement du calorique. De cette façon le sang est vicié, les sucs sont corrompus, car la transpiration pénètre de nouveau dans le corps, la peau se fane, le corps devient faible; la migraine, les maladies abdominales sont inévitables, les accidents de grossesse désolent les familles.

Le sang n'a pas son libre cours vers la tête; le cœur est débilité et avec lui la poitrine, parce que l'air lui est presque refusé; les poumons et tous les organes de la poitrine souffrent également. Toutes les exhalaisons chaudes du corps se réunissent et montent vers le cou; il est serré, il sera donc étouffé outre mesure. Un peu d'air froid qui pénètre jusqu'à lui suffit alors pour l'enflammer. Voilà l'explication du grand nombre des maladies du cou, des catarrhes, etc. Maintenant ne serait-il pas insensé d'envelopper le cou et de s'asseoir auprès d'un fourneau! Tout le sang est ainsi retiré aux extrémités et il est poussé vers la tête.

Si les habits sont trop étroits aux poignets, trop serrés autour de tout le corps, celui-ci ne peut pas se débarrasser assez vite de l'air trop étouffé qui l'environne; l'air qui n'est pas suffisamment échauffé, est trop fortement pressé contre la peau, de là une sensation pénible de froid.

Si la tête est trop serrée, il en résulte chez les enfants la formation de concavités qui portent préjudice au cerveau et au développement de l'intelligence. Les suites inévitables sont des *congestions*, des *maux de tête*. La tête surtout doit transpirer librement; les maux provenant d'une mauvaise hygiène de la tête sont connus.

Si le buste est trop serré et que le bas-ventre soit lui-même l'objet d'une semblable pression, les organes intérieurs ne peuvent pas se développer; les poumons, le cœur, le foie, la rate, les viscères délicats sont toujours comme oppressés, la débilitation doit en résulter. Les suites sont les maladies les plus diverses des poumons, du foie, de la rate, les difficultés pour l'estomac, la digestion, les voies urinaires et les organes de reproduction. Qui pourrait énumérer toutes les suites funestes de cette pratique funeste pour la génération actuelle et pour les générations à venir? La responsabilité incombe aux parents qui ruinent leur santé par des vêtements trop serrés; la responsabilité s'accroît, s'ils habituent leurs enfants à ces modes dénaturées. C'est Dieu qui a donné au corps humain ses formes et qui a assigné à chaque organe sa place naturelle; aucun homme ne peut modifier impunément l'œuvre divine.

Les *jarretières* étroites causent des arrêts du sang, des varices, le sang est retenu dans les pieds et ne peut pas assez circuler; il se gâte, entre en putréfaction et engendre des maux à l'infini.

Condamnons aussi les *souliers étroits* ainsi que les talons trop hauts qui contraignent les pieds à une position contre nature, à une tension trop forte : le sang ne vient que difficilement dans les pieds et ne trouve que plus difficilement encore son chemin pour retourner. Quel bienfait pour les pieds, pour le corps entier, si la chaussure est ouverte et libre !

Les souliers bas ou les sandales rendent d'éminents services à la santé, en empêchant ou en combattant les maladies. Marcher ou rester nu-pieds est une pratique dont nous connaissons les bons résultats.

Les coiffures trop étroites, les enveloppes du cou, les corsages, ceintures, jarretières et souliers trop serrés sont autant de causes de ruine pour la santé, autant d'ennemis qui tuent lentement mais sûrement.

---

§ 2. — Les différentes étoffes.

La peau reste, à l'aide de ses pores, en communication avec l'air qui doit lui fournir les éléments nécessaires à sa respiration et la débarrasser de ses éléments superflus et nuisibles; le vêtement doit donc lui aussi rester poreux, sans cela les pores du corps ne pourraient exercer leurs fonctions.

Il y a des étoffes poreuses et qui restent poreuses, d'autres sont moins poreuses et sont facilement privées de la porosité. Les premières seules conviennent à notre habillement, d'après ce que nous venons de dire; aussi le *linge* seul convient-il à notre peau, le *coton* lui convient moins, et la *laine* point du tout.

La *toile grossière*, non la *toile fine*, remplit toutes les conditions requises pour un vêtement convenable. La toile fine adhère trop au corps, elle entrave trop la transpiration et s'empare trop de l'humidité qu'elle retient trop longtemps. La toile fine n'est pas à conseiller aux kneippistes, parce que la peau ne se sèche pas assez vite ou parce que, après une application, la chemise reste trop longtemps humide. La toile grossière est saine; sa composition est poreuse; ses pores restent longtemps libres. Dans ces conditions le linge ne porte pas préjudice au corps, mais lui rend au contraire les plus grands services en permettant à l'air de pénétrer librement jusqu'à lui. Le linge est un conducteur convenable de la chaleur, c'est-à-dire qu'il ne laisse pas la chaleur s'échapper trop facilement ; il conserve autour du corps une douce atmosphère qui le protège contre l'air froid du dehors. De plus, il laisse la fonction de la transpiration s'opérer librement. La toile grossière, par son frottement continuel, débarrasse la peau de toutes les matières impures de la transpiration, et elle opère ce frottement d'une manière constante et douce.

La *laine* provient des brebis, elle peut donc recéler des éléments dangereux, si elle provient d'animaux atteints de maladies. Le linge provient du chanvre, du lin qui sont des produits combinés de l'air et du soleil. Le tissu de la laine n'offre pas beaucoup de porosité, et encore cette porosité disparaît-elle facilement, car la transpiration sature bientôt les étoffes de laine.

Je n'ai donc pas besoin d'une longue réflexion pour découvrir que la laine n'est pas faite pour notre peau. Peu propre de sa nature, de provenance suspecte et privée de porosité, elle a toutes les qualités qu'il faut pour écarter l'air du corps, elle a donc toutes les qualités qu'un vêtement ne devrait pas avoir. Cette observation n'est pas une condamnation absolue de tout vêtement de laine ; nous disons seulement que ces vêtements ne sont pas favorables à la peau.

Quels avantages lui attribue-t-on souvent? « Elle réchauffe beaucoup et empêche donc les refroidissements fréquents ». Discutons ces allégations : la laine réchauffe beaucoup. D'accord ; à notre avis, elle échauffe même trop ; elle force le corps à une surproduction de chaleur qu'il ne peut utiliser, mais qu'il doit rejeter en dehors ; la laine force donc le corps à un travail fatigant et inutile qui l'épuise, le rend anémique et débile. Le corps ne peut se débarrasser facilement de la chaleur superflue, parce que la laine n'est pas assez poreuse ; la peau couverte de laine se trouve donc toujours dans une température disproportionnée avec la température extérieure : cause infaillible d'affaiblissement et d'amollissement, parce que la transpiration ne s'opère plus assez rapidement. Les fonctions du corps sont entravées et la nature se venge de la violence qui lui est faite, par le rhumatisme, la sciatique, l'hystérie, les crampes, les éruptions et mille autres accidents possibles.

« La laine provoque beaucoup la sueur ». Oui, elle la provoque même trop et au grand détriment du corps ; cette sueur passe dans le tissu de la laine, mais seulement pour le saturer. Après la saturation la sueur reste sur la peau et la laine est devenue une espèce de cuirasse incapable de s'imbiber de la moindre goutte de sueur. Conséquences : un épuisement et un amollissement qui n'empêchent pas les refroidissements, mais qui plutôt les provoquent.

« La laine empêche qu'on ne ressente autant l'humidité ». C'est vrai pour un certain temps, mais pour cela on devrait changer presque tous les jours. Est-ce assez pour le corps qu'il n'éprouve pas la sensation de l'humidité ? Non certes ; il faut que réellement il ne vive pas dans une atmosphère humide. L'utile résultat vraiment de n'avoir pas conscience de la présence de l'ennemi, si réellement il est à notre porte, se dissimulant pour nous mieux nuire ! La laine produit une humidité considérable, puis elle se sature de cette humidité et la conserve au grand détriment du corps. La toile ne provoque pas une sueur abondante ; lorsque la sueur existe, elle s'en empare et grâce à elle la dessiccation du corps s'opère plus facilement. La preuve c'est que la toile se dessèche beaucoup plus vite, exposée à l'air, que la laine. La toile est donc en tous points supérieure à la laine. Moins nous serons avertis de la transpiration, plus nous serons exposés aux accidents. Or, la toile nous avertit plus vite que la laine de la présence de la sueur, elle sait s'en débarrasser plus vite que la laine. La laine ne frotte pas assez la peau, elle amasse au contraire toutes les matières malsaines à la surface de la peau et forme ainsi un terrain favorable à l'éclosion de tous les germes morbides.

Concluons donc notre plaidoyer en donnant la préférence à la toi e.

La laine, avons-nous dit, n'est pas utile à la peau, mais en hiver les vêtements de laine portés par-dessus le linge sont utiles. La toile seule ne suffirait pas à nous protéger contre le froid de l'hiver. La toile et la laine réunies forment un bon vêtement d'hiver, la toile favorise la transpiration aussi bien que la propreté de la peau, et permet à l'air pur d'arriver jusqu'à elle. La laine de son côté conserve mieux la chaleur et défend mieux le corps contre le froid. Il est donc très bon de porter en hiver, par-dessus la toile, des vêtements de laine.

Le *coton* n'est pas recommandable pour les vêtements devant adhérer à la peau. Il ne produit pas beaucoup de chaleur et il est bientôt saturé d'humidité ; il ne se sèche pas facilement, s'attache à la peau et empêche la transpiration.

La peau ne s'accommode pas des *étoffes teintes* qui renferment souvent des matières vénéneuses ou qui attirent trop les rayons du soleil.

Ce que nous disons des vêtements peut s'appliquer aussi aux *couvertures du lit*, qui sont le vêtement de nuit. Le nombre des couvertures aussi bien que le nombre des habits ne doit pas être trop grand en été ou en hiver. Pour l'été quelques vêtements ou quelques couvertures suffisent; l'hiver en réclame un plus grand nombre. Mais l'excès est toujours nuisible parce que l'air ne peut alors exercer son action sur le corps, qui s'étiole comme la plante à qui l'air et la lumière font défaut. La transpiration ne se fait que péniblement, une trop grande chaleur est développée aux dépens du corps. Les pieds surtout ne doivent pas être surchargés, ni se poser sur des bouillottes. La tête ne doit pas être tenue trop chaudement. Les coussins contenant de la paille ou des paillettes sont très recommandables; ceux qui renferment des plumes peuvent être enfermés dans une gaine de toile cirée. On évitera de la sorte les étouffements de la tête, les maux de tête, les insomnies. Le matelas peut être fait de crin ou de varech, mais il doit être très résistant.

§ 3. — Les vêtements superflus.

Toutes les enveloppes du cou sont en général superflues. Il doit être tellement endurci qu'il ne doit avoir en horreur ni l'air extérieur, ni l'air pénétrant à l'intérieur pendant l'hiver. Le caleçon est superflu, nuisible s'il est de laine ; si le caleçon est nécessaire, qu'il soit de toile. On ne doit pas porter de guêtres, encore moins des souliers fourrés, etc., ni porter des poignets. La chemise et deux couches de vêtements devraient suffire à protéger contre le froid le plus rigoureux. Celui qui a besoin de plus de vêtements est bien faible, il devrait s'endurcir par une bonne cure d'eau afin de pouvoir diminuer impunément le nombre de ses vêtements. C'est folie que d'amonceler les étoffes en certains endroits du corps et de couvrir à peine les autres. Ainsi le cou et l'abdomen sont souvent emmitouflés tandis que les jambes et les pieds sont négligés. Si les vêtements ne sont pas distribués assez uniformément sur tout le corps, la chaleur ne se développera pas uniformément; des troubles dans la circulation en résulteront ; le sang subira des arrêts et causera tant de maux qu'on ne peut les énumérer : le froid des pieds, l'atrophie, les rhumatismes, le rhumatisme articulaire.

Un endurcissement raisonnable peut débarrasser de beaucoup d'habits. La mollesse répugne à l'endurcissement, mais c'est l'unique moyen d'échapper à nombre de maladies et de réaliser des économies considérables de temps et d'argent. La suppression d'un certain nombre de vêtements superflus ne peut être que profitable à la santé.

On ferait bien de changer chaque soir de chemise, ne fût-ce que dans le but d'aérer un peu le corps. Les chemises doivent être bien sèches, en hiver surtout; il faut se garder de les revêtir telles qu'elles sont quand on les prend dans une armoire. Il faut auparavant les sécher et les débarrasser de l'humidité qu'elles contiennent. Même règle pour les draps de lit.

CHAPITRE VII

LES AUTRES INFLUENCES HYGIÉNIQUES

Les autres influences hygiéniques sont : l'air, la lumière, le mouvement, le repos. Disons un mot de chacune de ces influences.

---

§ 1. — L'air.

L'air est nécessaire aux fruits de la terre; cet élément ne nous est pas moins indispensable. Notre habitation doit être largement ouverte à cet agent bienfaisant. Pour la conservation du corps, nous avons besoin de nourriture, c'est ce que savent tous les hommes, et la faim le rappelle à qui l'oublierait. Personne ne s'imagine qu'il soit possible de se passer des aliments, mais beaucoup vont les chercher où ils ne sont pas, ou les prennent en trop petite quantité ou n'emploient que des aliments nuisibles. L'air est aussi nécessaire à la conservation du corps que les aliments, nous osons dire qu'il est même plus nécessaire. Nous pouvons passer des jours et des jours sans manger et sans boire et nous ne mourrons pas pour cela; un homme peut vivre durant des années malgré l'insuffisance de son alimentation, tandis qu'un air appauvri est bientôt une cause de maladie, et que l'absence d'air, ne fût-ce que pour quelques moments, est une cause de mort. Plus ces considérations sont évidentes, moins on y prend garde. L'air est considéré comme une chose négligeable, peut-être parce qu'il est donné partout gratuitement et qu'il est si facile d'en jouir. Il est même des hommes qui l'estiment dangereux. Voici, par exemple, un savant qui ne devrait pas ignorer ces choses. Eh bien! il tient fermées avec grand soin, jour et nuit, les chambres de sa maison; non seulement il méprise l'air pur et bienfaisant, mais encore il le remplace par un air vicié, par une humidité pernicieuse. Regardez-le comme il s'emmitoufle jusque par-dessus les oreilles; il relève le col de son manteau, fait passer le cache-nez jusqu'au-dessus de la tête et il se ferme la bouche à l'aide de ce cache-nez dans la crainte que l'air, son meilleur ami pourtant, y puisse pénétrer. A son entrée dans une maison étrangère, toutes les ouvertures doivent être fermées.

L'air est-il réellement si nécessaire à la vie? Mettez le meilleur bois au fourneau, il ne brûle pas; mettez-y du feu, il ne brûlera pas encore. Il faut un courant d'air; il faut que l'oxygène de l'air se combine avec la force du feu pour que la combustion du bois s'opère, et que le dégagement de la chaleur se produise.

Notre appareil de digestion nous prépare le combustible, c'est-à-dire les aliments pour le calorique du corps. Sous forme de lymphe, ces aliments passent dans les poumons; si l'air ne parvient pas au poumon, il n'y a pas combustion, la lymphe ne prend pas la teinte rouge du sang; elle ne devient pas le sang nourricier du corps; le calorique nécessaire ne se développe pas. Il est nuisible de respirer un air impur, pauvre en oxygène. Comme le feu est faible si l'air est rare dans le lieu où brûle le feu, de même les fonctions du corps se ralentissent si l'air n'entre pas en quantité suffisante. Nous devons souvent aérer les chambres d'habitation, car ce que nous exhalons n'est que de l'air corrompu, vicié, qui ne peut servir deux fois à l'entretien de la vie. Un autre air pur nous est bientôt nécessaire. Pourquoi n'y pensons-nous pas? Il faut nous habituer à l'air de manière que nous n'ayons plus à le craindre. C'est une erreur de croire que l'air engendre le froid ; nous avons dit que c'est à l'air précisément que nous devons notre chaleur. Évidemment, nous devons agir ici encore avec mesure. Si l'air a un accès trop libre, le feu peut devenir trop ardent et causer des inflammations, des catarrhes, la toux, la pneumonie. Par contre, si l'air froid entoure le corps trop librement, il lui enlève subitement trop de chaleur. Il faut donc user de l'air en une certaine mesure, mais ne jamais l'exclure. Le *courant d'air* n'est pas si dangereux qu'on se l'imagine ; il n'est nuisible que lorsqu'on s'y expose baigné de sueur. L'air extérieur, si froid reste-t-il, n'est jamais aussi préjudiciable que l'atmosphère humide d'une pièce quelconque. Habituez-vous à l'air frais, vous serez aussi à l'abri de bien des maladies. Vous soustraire à l'air serait vous exposer à tous les accidents possibles : refroidissements, anémie, nervosité, phtisie, scrofules et maladies contagieuses.

L'air atmosphérique est un composé de 79 parties d'azote, de 21 environ d'oxygène, d'un peu de vapeur d'eau et d'acide carbonique. On pourrait le considérer comme l'aliment de nos poumons. Il est l'agent de la respiration et le principe régénérateur du sang.

Mais pour que son action sur l'organisme soit normale, il ne doit pas être seulement pur, mais aussi suffisamment dense. Chargé d'humidité, il fatigue les poumons et produit les rhumes; s'il renferme trop d'acide carbonique ou s'il s'y mêle des gaz délétères : acide sulfhydrique, oxyde de carbone..., il devient impropre à la régénération du sang et porte le trouble dans les fonctions vitales; s'il n'est pas assez dense, comme sur les hautes montagnes, la respiration devient trop courte et trop rapide, le sang se porte vers la périphérie du corps, on éprouve des étouffements, des hémorragies... auxquels on ne tarde pas à succomber.

C'est sur les collines éloignées des villes et des ateliers industriels que l'on trouve l'air réunissant les meilleures conditions hygiéniques. Dans les villes et aux abords des usines, il est vicié par la respiration des hommes et des animaux, la combustion des nombreux foyers, les émanations putrides...; les terrains bas et marécageux sont insalubres eux aussi, parce que l'air y est chargé d'éléments nuisibles que dégagent les eaux croupissantes ou les plantes en décomposition.

Celui donc qui est libre de choisir le lieu de son séjour, agira sagement en plaçant sa demeure en un site bien découvert; sa maison sera vaste, ses appartements à jours nombreux et d'un aérage facile. Si l'idéal ne peut être réalisé, comme c'est le cas ordinaire, on suppléera aux imperfections de l'installation, en écartant toute cause de viciation de l'air : grande propreté, pas d'eaux croupissantes autour de la maison.

L'air pur est nécessaire à tout le monde, mais les *malades* surtout en ont besoin pour se refaire. Sous ce rapport-là, que de faux préjugés dont ceux qui souffrent sont quotidiennement les victimes ! Une santé est délabrée à cause du manque d'air, et voilà le malade confiné dans une chambre où l'on ne laisse absolument plus pénétrer l'air du dehors ! Un homme bien portant s'y trouverait mal, et c'est le remède que vous employez pour guérir ? — Allons donc ! — L'air d'une chambre de malade doit se renouveler constamment. Si le froid s'y fait sentir, chauffez légèrement (jusque vers 18°), mais jamais n'interrompez les communications avec le dehors.

L'air humide est nuisible encore parce qu'il supprime l'activité de la peau. Il faut donc exposer régulièrement au soleil les couvertures et les autres objets de literie, ne pas garder dans ses appartements de vêtements humides, changer souvent de linge...

Il serait très utile de changer de chemise tous les soirs, nous ne saurions trop le répéter.

Ces quelques précautions, dont aucune ne demande de grands efforts, peuvent épargner bien des souffrances. Pendant la nuit même, malade ou non, l'air extérieur doit avoir accès dans votre chambre.

L'air de la nuit n'est pas malsain, tandis que l'air corrompu de la chambre à coucher est mauvais. Donnerons-nous donc accès à l'air pendant la nuit et en tout temps? Il faut distinguer. Des hommes efféminés ne peuvent pas faire un premier essai pendant l'hiver, mais cela leur est possible en été. Comment procéder alors? L'air ne frappera jamais directement le lit. L'aspiration de l'air froid causerait des inflammations au cou, aux yeux. En été, on peut donner à l'air un plus libre accès, mais encore l'air ne doit-il pas frapper directement le lit. Le haut de la fenêtre seul sera donc ouvert, ou bien l'air viendra d'une autre chambre, dont la fenêtre est ouverte. Cette chambre ne sera pas humide. En hiver, une ouverture toute petite suffit; par un temps rigoureux, l'air se renouvelle suffisamment par la fenêtre sans qu'il soit besoin de l'ouvrir aucunement.

Le manque d'air est encore préjudiciable surtout aux enfants. Pauvres enfants, enfermés souvent dans des chambres à l'air vicié! Pendant le jour, ils se rendent à l'école emmaillotés dans des étoffes de laine, dans des fourrures, pour y respirer un air encore plus vicié. Les maladies innombrables des enfants dont les suites se manifestent jusque dans la vieillesse, sont les châtiments de pareilles inepties.

---

§ 2. — La lumière.

La lumière et la chaleur du soleil exercent également une salutaire influence sur le corps. L'obscurité étiole toute constitution. Après un long hiver, les premiers rayons du soleil ramènent la joie et la vie. Pendant la belle saison même, un ciel nuageux rend triste et maussade. La pathologie a depuis longtemps enregistré l'influence fâcheuse de la nuit sur les malades. D'ordinaire, à mesure que s'éloigne l'astre du jour, la fièvre et l'agitation augmentent; l'aurore ramène le calme. Nous avons déjà signalé les villes comme des foyers de maladies à cause du manque d'air; l'absence de lumière n'y est pas moins funeste: les appartements soustraits à l'action du soleil sont toujours malsains. Nous aurions au sujet de la disposition des demeures, à donner les mêmes avis que nous avons donnés quand nous avons parlé de l'influence du bon air, car un appartement bien aéré est toujours un appartement où la lumière peut largement pénétrer, nous ne reviendrons pas sur ces avis. Bornons-nous à signaler que c'est avec raison que les citadins vont passer la belle saison à la campagne. Rien de plus salutaire. Excellente aussi l'habitude d'envoyer les étudiants passer leurs vacances au milieu des champs et des prés.

Ce que nous avons dit de l'influence salutaire de l'air peut s'appliquer aussi dans toute son étendue à l'action de la *lumière*. Celui qui permet au soleil d'entrer librement dans son habitation, de pénétrer jusqu'à ses vêtements et ses couvertures, quelquefois même jusqu'à sa peau, en ressentira les meilleurs effets.

---

§ 3. — Le mouvement et le repos.

Enfin le mouvement et l'action sont des facteurs indispensables d'une bonne santé. Voyez nos travailleurs de la campagne. Quels bras! quels muscles! quelle vigueur! Considérez d'autre part les hommes que leurs fonctions clouent sur une chaise et enferment dans un bureau. Il ne sera pas difficile de se prononcer. Le travail fatigant de la campagne répond mieux aux exigences du corps que la tranquillité de l'homme de bureau.

Mais tout le monde ne peut pas se vouer au travail des champs. Ceux que le sort condamne à la vie sédentaire devront suppléer par des exercices réguliers au défaut d'action qu'ils trouvent dans le travail de leur profession. La promenade leur sera indispensable, la gymnastique de la plus grande utilité. La gymnastique met tout le corps en activité; elle doit être préférée à la promenade qui n'exerce que les jambes et les poumons. La gymnastique peut se faire en chambre ou au grand air; la seconde manière a sur la première une supériorité incontestable.

Il ne faut pas que ces exercices soient trop prolongés ou trop violents; quand le besoin de repos devient impérieux, il faut toujours le satisfaire. Il n'est pas jusqu'au sommeil qu'il est bon de régler; c'est de neuf heures du soir à minuit qu'il est le plus réparateur.

Un homme qui éviterait toute espèce d'excès et userait sagement des remèdes naturels dont nous venons d'indiquer sommairement les effets, serait, nous l'avouons, un mauvais client pour le médecin et le pharmacien, mais il serait à l'abri de la plupart des maux corporels qui affligent notre pauvre nature; il conserverait sa force et sa vigueur bien au delà de ce qu'on est convenu d'appeler le retour de l'âge; une *verte* vieillesse serait la récompense de sa sagesse et de sa sobriété.

CONCLUSION

Demandons-nous à la fin de cette étude : *Quand notre santé est-elle bonne?* La réponse est celle-ci : Lorsque tous les organes du corps remplissent leurs fonctions sans obstacle et avec justesse : la circulation du sang est réglée, le calorique est uniforme, la transpiration est normale, la digestion parfaite, le sommeil tranquille et réconfortant, l'assimilation et l'élimination sont bonnes. Voilà la santé.

Comment rester bien portant le plus longtemps? Ce qui contribue le plus à la conservation de la santé, c'est une occupation, un travail ou des mouvements corporels raisonnables, l'air pur, une bonne nourriture, un habillement hygiénique et la bonne humeur. Nous devons comprendre à quel point nous dépendons de la lumière, de l'air et du sol, savoir distribuer notre temps entre le labeur et le repos, faire une espèce de gymnastique de chambre, si tout autre mouvement nous manque, c'est-à-dire donner du mouvement successivement à tous les organes, à toutes les articulations du corps. Le succès dépend d'un régime réglé, modéré et juste. Nous n'avons pas besoin de nous entourer de précautions méticuleuses. Les hommes qui atteignent le plus grand âge sont ceux qui, sans se livrer à l'intempérance, ne s'astreignent pas à un régime trop strictement régulier, mais qui savent trouver le juste milieu.

Le Dr Hufeland dit sous ce rapport : « Ceux-là atteignent à une extrême vieillesse qui ne se tiennent pas à un régime trop rigoureux, mais qui vivent avec parcimonie ; c'est l'avantage de la nature humaine de pouvoir utiliser les mets les plus différents et de ne pas être restreinte à une certaine alimentation, comme le sont les animaux. Il est démontré qu'un homme qui vit presque toujours à l'air libre et se donne du mouvement, n'a pas besoin de beaucoup de règles diététiques. Notre régime factice devient seulement une nécessité créée par notre vie factice ». Le Dr Cheyne dit : « Rien n'est meilleur pour la santé et pour une longue vie que la sobriété, une alimentation simple et un travail raisonnable ». Voici de Heinoth une parole d'or : « Rien sans besoin, rien à contretemps, rien avec immodération ».

Nous voulons terminer ce travail par quelques conseils relatifs aux trois repas de chaque jour.

§ 1. — Régime pour le temps d'une bonne santé.

1° Le matin : soupe fortifiante de chapelure de pain. On peut compléter le repas avec du café de malt au lait et avec du pain au son et du fromage blanc ;

2° Le repas de midi : des pommes de terre avec du bœuf cuit ou rôti ; légumes ; de la salade à l'acide citrique ; des fruits ;

3° Le repas du soir vers six heures : le repas du soir doit être pris au moins deux heures avant le coucher.

Une de nos sept soupes mentionnées, préparées surtout avec la farine des légumineux. Supplément, comme pour le repas du matin. On peut introduire de nombreuses variations relativement aux soupes, aux farineux, relativement à la viande et aux légumes ; c'est chose facile et utile.

Il y a des temps où les forces semblent baisser, où l'on a besoin de réconfortants. Qu'on prenne par exemple à dix heures du matin un verre d'eau sucrée avec du pain, ou à chaque heure, pendant le jour, une cuillerée de lait cuit. Quelque simples que soient ces mets, ils fournissent plus de nourriture et une nourriture plus digeste que toutes les préparations de la cuisine la plus recherchée et la plus délicate.

Quant aux jours d'abstinence, à chacun de décider ce qui lui convient alors le mieux, du lait, des farineux, des œufs ou du poisson.

---

§ 2. — Régime pour le temps de maladie.

Dès qu'un homme est alité, l'appétit lui fait défaut, aucun mets ne lui convient plus, il court le plus grand danger de perdre trop de ses forces et d'être vaincu par la maladie. Pour obvier à ce danger, on prend toutes les heures une cuillerée de lait préparé comme suit : on cuit une demi-tasse de lait ; lorsque celui-ci est refroidi, on y mêle trois gouttes de teinture d'absinthe. Ce lait donne beaucoup de nourriture, l'estomac peut facilement le digérer ; les gouttes d'absinthe stimulent l'appétit, améliorent les sucs gastriques, et combattent la maladie. On peut comme supplément ajouter par exemple des *biscuits* dits de Kneipp, biscuits qui sont digestes, qui fournissent beaucoup d'éléments nutritifs et conviennent ordinairement aux malades. Ils sont fabriqués à la fabrique de biscuits d'Augsbourg

(Bavière). Qu'on en fasse dès le début de la maladie une provision; ils seront d'une précieuse ressource. Il est des malades qui se trouvent bien de la bouillie d'avoine, de la crème d'avoine, des soupes d'orge, du riz. Après une quinzaine de jours seulement de convalescence, on peut prendre de la viande, des pommes de terre, des légumes, des fruits cuits à l'étouffée. Il faut encore éviter les mets épicés, la viande de porc, la choucroute, des mets trop rafraîchissants.

Dans les maladies du cœur et contre les aigreurs de l'estomac, on conseille principalement la viande; les légumes, les fruits dans les maladies des poumons et des reins; pour les flatuosités la viande, le vin ne conviennent pas autant; le lait, la bouillie, les soupes dans la composition desquelles entrent un farineux et du pain, et les soupes fortifiantes sont plutôt recommandables.

Boisson. — Tisane d'avoine; moitié vin, moitié eau; tisane d'orge; l'eau des fruits; le jus de citron.

---

§ 3. — Alimentation des enfants.

Le lait de la mère est la meilleure alimentation pour les enfants. On le remplace, s'il fait défaut, par trois ou quatre cuillerées de café de glands au lait, au sucre ou au miel; du café de malt; le lait de vache peut aussi servir, mélangé à un tiers d'eau. On donne aux enfants de ces boissons toutes les deux ou trois heures. Le biberon doit être très propre.

Aux enfants plus grands, on donne du lait avec quelques graines de fenouil qui sont cuites pendant cinq minutes avec le lait; de la soupe fortifiante, de la soupe d'avoine, d'orge, avec du pain. Pas de sucreries, encore moins de spiritueux. La *bouillie* ne doit pas être préparée avec une farine fine, mais on prend deux tiers de farine d'avoine, un tiers de farine de froment; on cuit le mélange pendant assez longtemps dans du lait. Jamais de la viande salée, peu de viande. Le lait coupé d'eau convient aux enfants. On peut leur donner parfois du chocolat, surtout quand ils sont exposés à la diarrhée. Quand les enfants deviennent malades, le régime est modifié. Le lait coupé d'eau et quelques soupes composées de pain et d'un farineux, telle est la diète qui leur convient le mieux (1).

(1) Nous renvoyons à l'ouvrage de M. Kneipp : *Soins à donner aux enfants*, qui est un véritable traité de morale et d'hygiène. (Paris, P. Lethielleux.)

DEUXIÈME PARTIE

LES PLANTES MÉDICINALES

DEUXIÈME PARTIE

LES PLANTES MÉDICINALES

I. — Règles générales pour la récolte des plantes.

1° Récolte des *fleurs* et des *sommités fleuries* : elles sont recueillies un peu avant leur épanouissement.

2° Récolte des *baies*, *semences* et *fruits* : nous les recueillons à leur point de maturité ; ces produits doivent être bien nourris et pas trop ligneux. Les plus charnus sont desséchés au soleil.

3° Récolte des *écorces* : les écorces ne doivent pas être trop anciennes, ni trop dures. L'écorce verte, de deux à trois ans, est préférable.

4° Les *feuilles*, *tiges* ou *herbes* sont récoltées dans leur pleine maturité. Après la dessiccation, elles seront enfermées dans des vases imperméables à la lumière et à l'air. Ces vases peuvent être de fer-blanc, de verre, ou d'argile. Les herbes vivaces peuvent être recueillies en tout temps, si l'on veut en faire un usage immédiat ; mais si on veut les conserver il faut s'en tenir aux indications données plus bas:

5° Les *racines* des plantes annuelles sont récoltées en automne; celles des plantes bisannuelles au printemps, un peu avant la floraison. Les racines doivent être saines, flexibles et bien nourries; elles sont enfilées en chapelet et suspendues quand elles sont propres et desséchées. Dans cet état, elles peuvent être pulvérisées.

II. — Règles générales pour la préparation et l'usage de nos médicaments.

Les différents modes de préparation sont : *Dissolution*, *tisane*, *décoction*, *teinture*, *extrait*, *poudre*, *esprit*, *huile*, *vin*, *onguent*.

Dans la description de chaque médicament on trouvera indiquée la forme la plus usitée.

1° *Dissolution* veut dire dissoudre un corps solide dans l'eau ou dans le lait, le vinaigre, l'alcool, l'huile, pour lui donner une forme liquide.

Les cendres, l'alun, l'aloès, le camphre, la poudre d'os, la poudre de charbon, la craie, le malt, le sucre sont employés en dissolution. Le liquide qui dissoudra le solide doit souvent avoir une température très élevée. Toute dissolution doit être conservée dans du verre ou de la porcelaine, etc. Les dissolutions servent dans les lotions, ou les compresses ou suivant l'ordonnance.

2° La *tisane* se fait par l'infusion de l'eau chaude qu'on prend en quantité minime. La portion de l'herbe demandée est mise dans un vase, l'eau bouillante y est versée ; le vase est bien couvert et après quelques minutes la tisane est prête pour être passée et transvasée. La tisane peut se prendre *froide* ou *chaude*, *sucrée* ou non *sucrée*. Froide et non sucrée elle est ordinairement préférable ; on la prend chaude, s'il s'agit de réchauffer un individu froid. — Prendre, à chaque heure, une cuillerée vaut mieux que de prendre par exemple trois tasses par jour. Les petites portions sont mieux digérées et mieux utilisées par l'estomac ; les grandes portions ne sont pas toutes utilisées par l'organisme ; le trop est éliminé, il moleste donc le corps. Les trop grandes quantités rendent beaucoup d'éléments curatifs inutiles.

3° La *décoction* se fait dans un liquide. Les herbes moins délicates et moins aromatiques sont cuites parce que la cuisson leur enlève plus de forces médicinales. Dans ce cas, on fait d'abord bouillir l'eau ou le lait en assez petite quantité ; on y jette ensuite l'herbe et on la laisse cuire généralement dix minutes. — Le *miel* cuit cinq minutes, les *fleurs de foin* un quart d'heure, l'*écorce de chêne*, la *paille d'avoine*, une demi-heure. Plus les fleurs de foin sont cuites souvent, plus elles donnent d'arome ; on peut donc les utiliser jusqu'à trois ou quatre fois.

La décoction au *lait* se fait pour l'*ansérine*, le *fenouil*, le *cumin*, la *menthe*, la *poudre de charbon*, etc. On trouvera les indications nécessaires notées en temps et lieu. Les décoctions sont prises comme les tisanes ou servent dans les compresses, les maillots.

4° La *teinture* est le suc curatif des plantes à l'état liquide. Le plus simple est d'acheter les teintures chez un pharmacien consciencieux qui ne donne pas la térébenthine au lieu d'une herbe inoffensive. Pour préparer une teinture, on introduit généralement l'herbe en minces parties dans une bouteille qu'elle remplit au tiers ; le reste est rempli par de l'eau-de-vie de grains, ou de l'esprit-de-vin pur. La bouteille est hermétiquement fermée et placée pendant quinze jours dans un lieu tempéré. L'alcool aura extrait alors le suc médicinal que l'on fait passer sur du papier à filtrer dans une autre bouteille. Cette forme a l'avantage d'une conservation plus longue, plus facile et meilleure, mais aussi le désavantage de vous empester d'alcool. Il est à recommander de volatiser l'esprit avant l'usage de la teinture, en passant la teinture sur du sucre.

Comment trouver si la quantité d'alcool ou d'eau-de-vie est suffisante ? Après quelques jours de macération on retire de la bouteille, pour la goûter, l'une ou l'autre particule de l'herbe ou de sa racine : si le goût du suc est resté, l'eau-de-vie n'est pas assez forte, il en faut ajouter ; on peut aussi diminuer la quantité de l'herbe. Pour préparer la teinture d'arnica il faut prendre l'esprit par moitié; la valériane demande 3/4 d'esprit d'après le poids ; la ményanthe et le genièvre 1/10. Il est bon d'avoir dans sa pharmacie les teintures d'*angélique*, de *gentiane*, de *myrtille*, de *centaurée*, de *rue*, de *chicorée*, d'*absinthe*, de *prêle*, lesquelles doivent servir le plus souvent. D'autres herbes peuvent servir assez bien comme tisanes. Les bouteilles de teinture doivent être bien étiquetées.

On remplace généralement une tasse de tisane ou de décoction par 20 gouttes de la teinture. La teinture d'arnica n'est prise que de 5 à 10 gouttes; prendre plus de 20 gouttes des autres teintures n'est pas dangereux puisqu'elles ne sont pas si astringentes et ne sont pas des poisons.

5° L'*extrait* est de même consistance que la confiture. On extrait le suc médicinal en cuisant les fruits ou les herbes dans l'eau, en les pressant ensuite dans du linge ou entre deux objets durs et lisses, par exemple entre deux grandes cuillers à pot. Par la cuisson on donne au suc la consistance du miel. Cette forme est très rare. Désignons par exemple l'extrait des *baies de sureau.*

6° La *poudre* se produit en broyant ou en pilant les herbes avec un objet dur ou dans un mortier. La poudre est prise avec les mets ou comme décoction ; dans le dernier cas on la cuit pendant deux à cinq minutes.

7° L'*esprit.* Si les parties consistantes d'une herbe ou d'une matière se conservent dans l'esprit-de-vin presque dans leur état primitif, on donne le nom d'esprit à cette espèce ; par exemple on dit : esprit de camphre.

8° L'*huile.* L'huile médicinale se produit par la dissolution d'une matière dans l'huile d'olives ou d'amandes, ou par la teinture versée dans une de ces huiles. Au cas dernier on laisse la bouteille ouverte pendant un certain temps pour faire volatiliser l'alcool ; le flacon d'huile est conservé quelques jours dans un lieu assez chaud. Ainsi se font les préparations de l'huile d'*orties*, de *rue*, d'*absinthe*, de *bardane*. Les huiles d'*anis*, de *fenouil*, d'*amandes*, de *giroflée*, d'*olives*, de *genièvre* et d'*aspic* se vendent dans les pharmacies.

9° Le *vin* médicinal se prépare très bien avec du vin blanc. Le *vin de romarin* rend les meilleurs services. Les tiges du romarin découpées sont introduites dans une bouteille presque remplie de vin. Le vin médicinal se fera en quelques jours. Il est indifférent que les tiges soient vertes ou sèches. Le *vin d'absinthe* peut être préparé en suspendant quelques feuilles de l'herbe dans une bouteille, sans les mettre en contact avec le vin. Le vin d'absinthe produit ainsi en quelques jours est très salutaire. Si les feuilles infusent dans le vin; il devient beaucoup plus amer.

10° L'*onguent* existe ordinairement sous une forme visqueuse ou pulpeuse. Les parties découpées de plusieurs herbes sont introduites dans un vase, on y verse du beurre frais ou du saindoux fondu de sorte que les parties des herbes soient couvertes par la graisse ; la cuisson de ce mélange dure en général une heure. A la fin de la cuisson on peut ajouter un peu de cire pour augmenter la densité de l'onguent.

L'*onguent des yeux* s'obtient en pilant très

soigneusement dans un mortier certaines herbes, enduites de miel. Cet onguent doit être très fin afin de ne pas blesser les yeux. Les feuilles de *sauge*, la racine de *tormentille*, les feuilles d'*absinthe* sont employées comme onguent des yeux. Le miel peut aussi être cuit avec des feuilles d'absinthe.

L'*onguent de fénugrec* est préparé dans de l'eau bouillante. La poudre est remuée continuellement pendant deux ou trois minutes. La quantité d'eau plus ou moins considérable peut produire un onguent plus ou moins épais.

III. — Explications de quelques abréviations.

1. — LES DOSES DES MÉDICAMENTS :

gr. = gramme ; c. = grande cuillerée à bouche : 20 gr. ; p. c. = petite cuillerée à thé : 5 gr. ; p. = pincée, ce que peut contenir la pointe d'un couteau : 5 gr. ; pg. = forte poignée, ce que peut contenir une main : de 100 à 250 gr. ; p. pg. = petite poignée, portion qu'on peut prendre par 3 doigts : 40 à 100 gr. ; t. = tasse : 200 gr. ; l. = litre : 1000 gr. ; v. = un verre : 160 gr. ; g. = goutte ; P. = portion ; 3 P. = 3 portions ou à 3 reprises.

2. — LE TEMPS :

j. = journellement; p. h. par heure; ′ = minute; ″ = seconde.

3. — QUELQUES DÉCOCTIONS :

dff. = décoction de fleurs de foin; dpv. = décoction de paille d'avoine; dpr. = décoction de prêle.

4. — QUELQUES HERBES :

abs. = absinthe; al. = aloès; ang. = angélique; ans. = ansérine; ar. = arnica; b. bl. = bouillon blanc; cam. = camomille; ct. = centaurée; ch. = chicorée; cyn. = cynorrhodon; éch. = écorce de chêne; f. = fenouil; fgr. = fénugrec; gt. = gentiane; gv. = genièvre; mén. = ményanthe; milp. = millepertuis; milf. = mille-feuille; myr. = myrtille; pl. = plantain; pr. = prêle; prun. = prunelle; ren. = renouée; rm. = romarin; til. = tilleul; tr. = tormentille; tus. = tussilage; val. = valériane.

Dans la description des médicaments nous donnons en premier lieu les plantes *indigènes* ou cultivées chez nous, puis les plantes *exotiques* et autres médicaments. Nous employons les termes techniques, mais aussi les mots vulgaires pour désigner les herbes ; nous y ajoutons les noms latins pour faciliter l'achat dans les pharmacies. Après la dénomination viennent le lieu de croissance des plantes, leurs signes caractéristiques, l'usage, les propriétés, la dose. Les parties employées et la récolte sont notées à la marge.

IV. — Les plantes médicinales.

A. — LES PLANTES INDIGÈNES ET CULTIVÉES CHEZ NOUS.

1. — L'ABSINTHE (*artemisia absinthium* L.). = Abs.
Armoise amère, absin menu, aloïne, herbe aux vers, herbe sainte.

Feuilles, sommités fleuries : *juillet.*

L'herbe amère croît dans les jardins et fleurit de juillet à septembre. Les sommités et les feuilles ont une vertu stimulante, toxique et diurétique ; elle bonifie surtout les sucs gastriques et à ce titre elle est un remède excellent pour la digestion ; pour exciter l'activité des organes contre la constipation, contre l'engorgement, l'hypocondrie, l'hystérie, l'aménorrhée, l'hydropisie, l'influenza, les fièvres intermittentes,

(*Suite*). Feuilles, sommités fleuries : *juillet*. | les vers, la jaunisse, la phtisie pulmonaire, les maladies du fiel. — Pilée avec du miel cette herbe est un bon médicament pour les yeux (collyre).

L'*huile d'absinthe* agit contre les crampes, les vomissements, les aigreurs d'estomac, les insomnies; pour appeler le sommeil on peut lier les herbes sur le front. Elles servent entièrement de compresses contre les vomissements : on les cuit dans du vinaigre. Contre les maladies du foie et la faiblesse des voies digestives, on prend un jour la *décoction*, l'autre jour, la *poudre*. Le *vin* d'absinthe combat les nausées; on prend 3 c. j. Contre les coliques on cuit 1 p. pg. avec une p. c. de miel pendant 5' et l'on prend la décoction chaude. Cette décoction prise avec du lait est un tonique excellent, L'absinthe peut toujours être prise avec du miel, elle ne doit jamais être administrée trop longtemps. La teinture d'absinthe peut être prise sur un peu de sucre.

Préparation du *vin d'absinthe* : Deux feuilles sont suspendues au dessus du vin blanc qui remplit presque une bouteille; en quelques jours le vin est fait. C'est un bon vin stimulant, améliorant les sucs, chassant l'odeur fétide de la bouche et les nausées, fortifiant le foie et la bile. Il s'emploie avec succès contre la chorée, la diarrhée, l'inflammation des entrailles, l'affaiblissement général, les dartres, le typhus, les refroidissements, la défaillance des enfants.

Préparation de la *teinture d'absinthe* : 1/2 v. de feuilles, le reste du verre est rempli d'eau-de-vie de grains ou d'esprit-de-vin ; après 2 jours on a la teinture. La dose : 10 à 15 g.

L'*armoise simple* (artemisia) a toutes les qualités de l'amère, mais moins fortes. L'absinthe comme liqueur alcoolique produit, comme on sait, des accidents cérébraux très funestes.

2. — L'ACORE ODORANT (*acorus calamus* L.).

Racine : *printemps* ou *automne*.

Cette plante prospère dans le voisinage des étangs, des fossés, dans les prairies humides ; elle fleurit en juin-juillet. La racine est amère et âcre. Elle doit être desséchée dans une étuve et être très bien rangée dans des boites à l'abri des vers.

L'acore est un excitant, un tonique, un ami de l'estomac ; il exerce des vertus contre le choléra, les coliques, les maladies de la poitrine, l'asthme, le point de côté, les crampes, l'aménorrhée, la chlorose et l'hydropisie. Il tonifie le cœur, le foie, la rate ; c'est un diurétique et un stimulant pour la vessie et les reins.

3. — L'AIRELLE PONCTUÉE (*vaccinium vitis idæa*).

Baies : *septembre.* Feuilles : *juillet.*

Ses baies sont très rouges, adoucissantes et rafraîchissantes, et donnent une bonne boisson pour les malades. Les feuilles agissent contre la toux, le choléra, la fièvre muqueuse et typhoïde; elles apaisent les nerfs et sont *diurétiques*.

4. — L'ANGÉLIQUE (*angelica sylvestris* L.). = ang. Racine des anges, angélique des bois, des prés.

Racine, semence, feuilles : *septembre,*

L'angélique sauvage pousse dans les prairies humides, sur le bord des rivières, dans des bois ombragés et surtout dans les lieux élevés; elle fleurit en juillet-août; ses fleurs sont disposées en ombelles; la tige est creuse et s'élève à 2 mètres de hauteur; la racine est grosse, à radicelles nombreuses et elle est plus riche que les autres parties en suc médicinal. Ses grains donnent aussi une poudre salutaire; les feuilles sont employées en tisane.

L'ang. est amère et astringente, excitante, sudorifique, stimulante et dépurative; c'est un des médicaments principaux de l'estomac.

Elle est souveraine contre les mets indigestes et vénéneux, contre les gaz, les coliques, les vomissements, les crampes. L'herbe agit contre les maux de tête résultant d'une mauvaise digestion, de gaz, d'arrêts de sang dans l'abdomen ou dans les reins; elle est efficace dans les maux de la gorge et de la poitrine; c'est un expectorant; elle fortifie le cœur et le foie; réchauffe l'estomac dans les refroidissements, quand elle est administrée dans du vin chaud. Toutes les liqueurs stomacales contiennent l'ang. Sa poudre a une grande force contre les transpirations infectes : prise dans les mets elle préserve de la contagion, des nausées ; l'ang. exerce une force curative contre les ulcères vénéneux intérieurs, contre les lésions et l'aménorrhée. Sa poudre chasse la vermine. Cuite avec de la poix, elle donne un onguent contre la morsure d'un *chien enragé*. L'huile d'ang. est à recommander. Dose de la décoction : 20 g. dans 1/2 v. d'eau ; 30 gr. dans 1 l. d'eau contre la fièvre et la suette.

L'angélique des jardins « ou la racine du Saint-Esprit » a des effets beaucoup plus efficaces que l'ang. sauvage.

5. — ANIS (*pimpinella anisum* L.).
Boucage anis, pimpinelle anis, pimprenelle.

Semence : *août.*

L'anis croît en Orient et dans l'Europe méridionale ; on le cultive chez nous dans les jardins, où il fleurit en juin-juillet ; ses fleurs sont petites et blanches, il mûrit en août. Les semences sont employées comme tisane mêlée de sucre ou de miel ; on peut aussi les pulvériser. Dose : 1 p. c. de poudre, dans une tasse de lait ; cuire 3' et prendre chaud. Une p. c. de poudre cuite dans un verre d'eau est excellente pour les yeux. On emploie surtout l'huile d'anis ; elle sert contre les maux de tête, les vertiges, les gaz, les coliques, le scorbut, les vers et la vermine.

Dose : 5 g. 2 × j. avec du sucre ; contre les coliques on peut simultanément frictionner le bas-ventre à l'aide de cette huile. 7 g. dans du vin sont un bon tonique qui apaise aussi les coliques. 4 gr. dans 1 t. d'eau sucrée chaude, forment un expectorant.

6. — ANSÉRINE (*potentilla anserina* L.). = Ans. Pattes d'oie, herbe aux crampes.

Herbe, racine : *en été.*

Elle pousse partout, au bord des chemins, près des habitations, des rivières, des fossés et dans les champs ; elle fleurit dans le mois de mai jusqu'à l'automne, et elle a des pétales jaunes. Les tiges ressemblent à une plume d'oie ; les feuilles sont comme argentées à l'extérieur ; l'autre côté est vert. C'est un astringent qui sert contre l'asthme ou les difficultés respiratoires, la catalepsie et en général contre toutes les crampes possibles ; l'ans. agit contre le choléra, la cholérine, la diarrhée, les attaques de nerfs.

Mêlée à du fenouil ou à du cumin elle possède une plus grande force et devient plus agréable. Pour la décoction on prend 1 p. pg. dans 1 t. de lait bouillant et on cuit pendant 5′ ; celui qui ne supporte pas le lait doit se contenter de l'eau. Aux enfants on administre 1 c. 3 × j. contre les crampes.

Dans le choléra ou pour les crampes de l'estomac l'ans. peut simultanément être utilisée en décoction et comme compresse abdominale.

La poudre de sa racine fortifie les gencives et empêche les maux de dents; elle est efficace contre le crachement de sang et les fièvres intermittentes.

7. — ARGILE (*argila*).

Là, où vous trouvez l'ansérine et le tussilage, la terre est froide et lourde : c'est de l'argile. Elle n'est pas estimée des paysans, mais les potiers la recherchent et les « kneippistes » aussi. Délivrée de tout accessoire, délayée dans l'eau, le vinaigre ou l'arnica, on en fait un onguent précieux : qui n'attaque pas la peau, mais la guérit, en la soustrayant à l'influence de l'air et de toute matière malsaine venant de l'organisme. Cet onguent est appliqué contre les piqûres des abeilles ou des guêpes, ou des insectes venimeux; contre les tumeurs blanches et contre la teigne du cuir chevelu des enfants : toute la tête est enduite d'argile. L'argile est un remède salutaire contre les inflammations, les blessures ou ulcères, les dartres, le cancer et le lupus; M. Kneipp obtient des résultats merveilleux par la vertu de cet onguent.

8. — ARNICA (*arnica montana* L.). = ar.

Arnica des montagnes, bétoine des montagnes, plante bienfaisante, plantain des Alpes, souci des Alpes.

Fleurs, feuilles : *juillet.* Racine : *septembre.*

L'arnica pousse sur les montagnes élevées, dans les prairies des montagnes et des forêts; elle fleurit en juin-juillet et a de grandes fleurs dorées qui ont une odeur fétide à l'état frais; desséchées elles sentent bon et excitent l'éternuement; elles sont amères. La saveur de la fleur est plus forte que celle de la racine qui est assez grosse, pénètre peu dans la terre et a une couleur brune à l'extérieur, blanche à l'intérieur. L'arnica est un excitant et un fort astringent qui exerce sa vertu surtout sur les nerfs et les membranes muqueuses, sur le système lymphatique et les glandes.

Prise intérieurement l'arnica agit contre la nausée, les coliques; les douleurs, les abcès, les crampes de l'estomac, et sert simultanément comme compresse contre les maux énumérés. Elle est aussi administrée contre les catarrhes, les fièvres muqueuse et typhoïde, l'inflammation de l'estomac, surtout contre un grand affaiblissement général, par exemple dans le cas d'apoplexie, contre les crachements et saignements de sang, contre le flux de sang, contre les arrêts et l'exsudation de sang; l'arnica sert contre la goutte et le rhumatisme, contre l'ascite et la commotion cérébrale. La décoction de la racine et de l'herbe, prise en compresse abdominale, est un calmant. Dose : 60 g. dans 1/4 de l. d'eau; dose plus forte : 1 p. c. dans 6 l. d'eau. Une dose plus forte encore provoque des nausées, des vomissements, des tremblements, des crampes, de l'affaiblissement.

A l'extérieur l'arnica rend les plus grands services pour les blessures, les excoriations, contusions, brûlures, inflammations; contre les luxations, le coup de sang, les gaz : on frotte la partie endolorie 3 × j. Contre les piqûres des insectes, contre les cors, les engelures, la croûte de lait, la tumeur chaude, le lupus on fait un mélange de 1/4 + 3/4 d'eau.

Le *vinaigre d'arnica* se fait à l'aide des fleurs et des feuilles.

L'*eau d'arnica* est un mélange de 1 c. de la teinture dans un 1/4 de l. d'eau.

Avec cette eau on lave les blessures.

Manière de traiter les blessures : Laver, presser, les lier avec de la ouate imbibée de la teinture et entourer le tout d'un linge. Le lendemain on enlève le linge seul, la ouate est imbibée de nouveau et le linge est renouvelé; le troisième jour on regarde, si la blessure n'a pas suppuré. Le pus est alors lavé à l'aide d'eau d'arnica et la blessure est pansée, comme le premier jour.

Pour les contusions et les luxations on prend moitié arnica, moitié eau; on y ajoute un peu de vinaigre non falsifié. L'arnica cuite dans du vin a une plus grande force.

L'arnica avec la camomille, la centaurée et l'absinthe donne le meilleur remède stomachique : cette décoction réchauffe, rafraîchit et rend de grands services en voyage. ar. + abs. s'emploie contre les maladies mentales.

L'onguent d'*arnica :* Les fleurs, l'herbe et la racine sont découpées et cuites avec du saindoux pendant une heure, passées dans un linge et mêlées à de la cire pour avoir la densité requise. Cet onguent est bon pour la peau gercée au nez, aux lèvres, aux seins.

L'arnica est aussi un remède des yeux, 1 c. avec 2 c. d'eau; en prendre 2 g. sur du sucre. Le doigt est humecté de ce sucre et passé doucement sur l'intérieur de l'œil.

Ce procédé guérit les yeux enflammés. ar. + rue + sauge + abs. forment un médicament des yeux; ou ar. + tr. + abs.; o forme une décoction ou on mêle les teintures et on lave les yeux avec un linge trempé. On peut aussi introduire quelques gouttes avec un petit instrument de verre lisse et bien mince.

9. — ASPÉRULE (*asperula odorata* L.).

Herbe : *mai.*

L'aspérule fleurit dans le mois de mai. Elle agit efficacement sur le foie, la rate, la vessie; contre la jaunisse, l'hydropisie, la gravelle et les engorgements de l'abdomen. Elle augmente la force de la fraise et la rend plus agréable. L'aspérule sert en compresses dans les tumeurs chaudes, les abcès, les maux de tête.

Le vin d'asp. est très dépuratif: l'asp. s'infuse dans du vin blanc et le vin est fait en 1/4 d'heure.

10. — ASPIC (*lavandula spica officinalis*).

Fleurs, feuilles : *septembre.*

La lavande spic ou aspic a presque l'odeur du camphre, elle croît spontanément dans l'Europe méridionale et sert de bordure dans nos jardins ; ses fleurs blanchâtres, odorantes se montrent de juin à sep-

(*Suite*). Fleurs, feuilles : *septembre.*

tembre. La vraie huile d'aspic a une couleur jaunâtre; on la falsifie souvent avec la térébenthine, parfois le pharmacien ne donne même que de la térébenthine.

L'huile d'aspic est un calmant et un remède excellent contre les coliques, les gaz, les nausées, les congestions, les vertiges, les maux de tête, l'inappétence et les maladies mentales.

11. — AVOINE (*avena sativa* L.).

Les graines et la paille : *septembre.*

La farine et le gruau d'avoine qui sont très nourrissants sont aussi de bons remèdes stomachiques et dépuratifs, ainsi que la tisane d'avoine qui est émolliente et pectorale, rafraîchissante et nourrissante. On administre la tisane contre la pierre, contre la toux, les refroidissements, la fièvre et le calcul. L'avoine ou la paille est cuite une demi-heure, la décoction est passée. Dose : 2 t. j. Les enfants en prennent j. 3 × 1 c. contre les rétentions d'urine et la goutte. L'avoine cuite dans du vinaigre et employée comme gargarisme de bouche est efficace contre les maux de dents.

Remèdes pour les affaiblis : 1 pg. est cuite 3 × dans 1/4 de l. d'eau ; l'eau est renouvelée 3 fois et l'on cuit jusqu'à ce que les graines s'ouvrent ; on y mêle alors 2 c. de lait, et 1 c. de miel ; et l'on fait cuire le tout 5'. Cette boisson est un réconfortant et elle est excellente pour les poumons malades.

12. — BARDANE (*lappa officinalis ; arctium lappa*).
Coupeau, dogue, glouteron, huyau, napolier, teignons.

Racine : *octobre.*

La bardane trouve sa nourriture le long des haies, des buissons, dans les prairies ; ses fleurs sont d'un rouge violacé et apparaissent en juin. La racine est noirâtre à l'extérieur et blanche à l'intérieur ; c'est un *diaphorétique*, un *dépuratif* et un *diurétique*. Elle s'emploie contre la goutte, la pierre, contre les arrêts de sang abdominaux, les dartres, la gale, les éruptions, les crampes, les glandes, les scrofules. Un des meilleurs remèdes contre les abcès et les blessures consiste à frotter les parties endolories avec le suc de la bardane ou à la mettre en compresse sur ces parties. La racine de la bardane nous fournit un remède

Racine : *octobre.*

pour la croissance des cheveux. Elle est cuite 1/4 d'heure dans 2/3 de vinaigre et 1/2 d'eau. Pour commencer la cure on lave la tête pendant 3 jours; on la frictionne à l'aide d'huile d'olives 1 × ps. ; après ces 3 jours, on lave la tête 3 × j. avec cette décoction de bardane.

L'huile de bardane est beaucoup plus efficace (voir *Ortie*).

13. — BOUCAGE SAXIFRAGE (*pimpinella saxifraga*).

Racine : *septembre.*

Le boucage saxifrage croît dans les pâturages, au bord des rivières, dans les prairies humides et souvent dans les jardins ; ses fleurs sont rouges, blanches ou jaunes et rangées en ombelles, les feuilles sont pennées ; la racine est blanche, puante et très noire. La saveur de la racine est tonique, émolliente, dépurative ; pectorale, stomachique : elle guérit les reins et la vessie, la paralysie de la langue, les congestions, les maux de tête, l'enrouement ; les flatuosités, les coliques, la pierre et le calcul, le flux de sang, les maladies du foie et de la rate, même la

(Suite).
Racine :
septembre.

goutte. Cuite avec du vin elle est plus efficace ; cuite avec du miel elle a plus d'efficacité encore. Le suc guérit aussi les blessures suppurantes de la tête.

14. — BOUILLON BLANC (*verbascum thapsus*). = b. bl. Bouillon jaune, herbe de Saint-Fiacre, molène, oreille de loup.

Feuilles,
fleurs :
juillet.

Le bouillon blanc trouve sa nourriture dans les terrains pierreux, le long des chemins, dans les rochers. C'est un sudorifique, un calmant, un émollient, et il sert contre l'engorgement de poitrine, contre la toux, l'enrouement, l'asthme, les abcès ; on l'administre aussi dans les fièvres, les inflammations et contre les maladies des yeux. Joint à la grande mauve, il est plus fort et efficace contre la diphtérie.

15. — BOURSE A PASTEUR (*capsella bursa pastoris*). Boursette, capsule, molette de berger, tabouret (thlapsi).

Herbe :
mai.

Cette bourse se trouve sur tous les chemins et dans les jardins ; sa tige est simple, ses fleurs blanches

Racine : septembre. | se montrent depuis avril jusqu'en octobre.

L'herbe et sa racine sont *astringentes* et sont des remèdes contre le saignement du nez, le crachement, le pissement et le flux de sang, contre les blessures, le scorbut, la cholérine ; c'est un pectoral. On prend par heure 1 c. L'herbe peut servir en compresses.

16. — CAMOMILLE (*matricaria camomilla* L.). = cam.

Fleurs : *juin.* | La camomille se trouve dans les champs et fleurit depuis le mois de mai jusqu'au mois d'août. Les feuilles des fleurs sont relevées, la tête de la fleur ressemble à une petite fraise. La fleur a une odeur aromatique et un goût amer. C'est un antispasmodique pour les vaisseaux sanguins et les nerfs, et elle agit contre les rhumatismes, les crampes, les digestions troublées, les congestions, les refroidissements, les maladies du foie et les maux de dents; elle s'emploie pour les crampes d'estomac, les coliques, les gaz, le flux de sang.

Pour l'usage externe, les fleurs chaudes enfermées dans de petits sachets apaisent les crampes et les inflammations ; elles amollissent les tumeurs, les glandes ; comme gargarisme la camomille agit contre les abcès du cou et de la bouche. Elle sert aussi de compresse pour provoquer les règles.

Dose : 20 g. dans 6 c. d'eau chaude apaisent les crampes et les inflammations d'estomac.

17. — CARLINE COMMUNE (*carlina vulgaris*).

Racine: *octobre.*

La carline recherche les lieux pierreux et calcaires, elle fleurit en juillet-août et a des fleurs bleuâtres. La racine agit contre le catarrhe, les engorgements et les maux de l'estomac ; elle est salutaire pour les blessures et les abcès. Cuite dans le vinaigre elle apaise les douleurs de dents.

18. — LES CENDRES (*cineres*).

Les cendres de bois, surtout de chêne, sont styptiques ; on les mêle à du vinaigre.

Les cendres servent pour les bains de pieds.

19. — CENTAURÉE (*erythræa centaurium* L.) = ct.
Petite centaurée, centaurelle, herbe au centaure, petite gentiane, centaurée, herbe à la fièvre, chironée.

Herbe, fleurs : *juillet.*

La centaurée croît dans les buissons, dans les pâturages, sa fleur se montre en juillet. Elle est très amère, et pour cela elle est un bon stomachique contre les faiblesses, les aigreurs, les engorgements de l'estomac, contre la constipation comme contre la diarrhée. Elle est un excellent médicament pour le foie, la rate, contre les dartres, les éruptions, les maux de tête, les gaz, les maux du bas-ventre et des reins; elle guérit les hémorroïdes, les arrêts de sang et les aménorrhées.

Dose pour enfants : 6 g. j. La décoction peut être employée pour les blessures contre la teigne, on cuit la ct. avec la bouillie de pois. Après la pleurésie la ct. agit bien comme réconfortant.

20. — CERISETTE (*prunus cerasus Griotte*).

Feuille, fruit : *juillet.*

Cette cerise est *rafraîchissante*, *dépurative* et *émolliente*. Les feuilles et les noyaux servent contre la toux, la chlorose et la gravelle.

21. — CHÊNE (*quercus*).

Peu de personnes savent que le grand chêne est une plante médicinale, néanmoins toutes ses parties sont salutaires; elles sont toniques et astringentes.

Feuilles: *mai et juin.* Écorce, bois: *à tout temps.* Glands: *octobre.*

Les feuilles pulvérisées donnent une décoction contre l'affaiblissement général, contre la diarrhée, l'incontinence d'urine, la pierre, le flux de sang et les maux du foie. Pour les affaiblis la dose est 2 ou 3 c. j. Une feuille gardée pendant un certain temps sur la langue apaise l'acrimonie de l'estomac. Les feuilles cuites dans le vin adoucissent les maux de dents. La décoction peut servir pour compresses contre les pustules chaudes et d'autres maux semblables.

L'écorce verte, détachée d'une branche qui date de deux ou trois ans, est découpée et cuite pendant 1/2 heure. Cette décoction fortifie le bas-ventre, le rectum; elle agit dans les bains de siège contre la chute du rectum ou de la matrice; elle guérit le lupus, le goitre, le flux de sang, le cancer stomacal, les maux de tête, et son action curative est doublée, si elle est administrée intérieurement en même temps. Cette décoction constitue un gargarisme contre les abcès de la bouche, les gencives saignantes. Contre l'inflammation intérieure on prend 1 c. j., contre les gaz 3 p. c. j ; contre l'empoisonnement 1/2 t. 1. Il suffit de donner aux enfants 2 p. c. j. ; contre le cou gonflé ils reçoivent 1 c. j. ; aux enfants scrofuleux on donne 3 p. c. j.

La décoction de la sciure donne un bon réconfortant pour les affaiblis.

La décoction des glands est utile aux chlorotiques. Le café de glands est la meilleure nourriture pour les enfants scrofuleux et rachitiques. Les enfants très jeunes reçoivent 1 c. après 2 ou 3 heures, mêlé avec du lait. Il est bon d'y ajouter du sucre ou du miel. Prendre 1 p. j. de glands pulvérisés est très réconfortant ; cela empêche la diarrhée, allège la strangurie et guérit la pierre.

L'écorce + abs. + pr. 1 t. j. en 2. P. donne un bon remède contre la faiblesse du poumon et contre le crachement du sang. Pour les affaiblis en général on donne 2 c. 2 × j. de la décoction de l'écorce avec du vin, mieux de la décoction avec du miel. Les feuilles ont une vertu semblable.

22. — CHICORÉE SAUVAGE (*cichorium intybus* L.). = ch.

Racine, herbe : *août.*

Cette herbe rude cherche les endroits pierreux et le bord des chemins, fleurit en juillet-août et possède de belles fleurs bleues isolées. C'est un stomachique et un médicament pour le foie, la bile, la rate et les reins. La chicorée aide à la *digestion*, elle est un *résolvant* et guérit les lourdeurs et les inflammations de l'estomac, la chlorose. Elle sert en compresses ; on verse de l'eau bouillante sur l'herbe et les fleurs qui sont employées aussi chaudes que possible 2 ou 3 × j. Contre l'atrophie des muscles on fait des frictions 2 × j. avec le suc de la chicorée.

23. — CHOU POMMÉ (*brassica oleracea capitata*).

Feuilles : *en été.* La décoction des feuilles.

Nous ne ferons pas la nomenclature des différentes espèces du chou. Nous nous tenons au chou pommé qui nous fournit la choucroute, laquelle est un bon aliment et un médicament. A l'extérieur elle guérit les blessures et les tumeurs ; à l'intérieur les abcès de l'estomac.

Aussi les feuilles vertes sont salutaires : elles agissent contre la goutte, le rhumatisme, les tumeurs enflammées et les ulcères aussi, contre la tête fiévreuse.

Avant de les mettre sur les parties endolories on peut les écraser au pilon et en éloigner la partie dure, ou on peut les cuire un peu à l'étouffée.

L'*eau de choucroute* apaise les coliques. Elle est un très bon médicament, elle guérit les coupures, les tumeurs, les abcès intérieurs et extérieurs, guérit l'estomac, le foie et les reins malades. Elle donne un gargarisme contre la tumeur du cou. Dans les blessures ou les excoriations on trempe les parties blessées dans cette eau ou on peut en imbiber un linge et faire une compresse qui est renouvelée toutes les deux heures. 1 p. c. suffit pour l'usage interne.

Remède excellent contre l'ivrognerie : boire 1 p. c. chaque 1/2 h. et continuer un certain temps, 1 p. c. agit bien contre la diarrhée. Prendre l'eau de choucroute avec du sucre est un remède excellent. Aller parfois à la tinette et manger 1 c. de choucroute non cuite est chose recommandable quand on est fort ; si l'on est faible on doit se contenter par exemple d'une c. de choucroute cuite à l'étouffée.

24. — CIRE (*cera*).

La cire agit contre la dysenterie: on en prend gros comme un pois à chaque heure.

Onguent : La cire avec de la poix pure et du beurre frais en parties égales : le tout est fondu ensemble doucement et bien remué. Cet onguent guérit les abcès et les tumeurs dures.

25. — CITRONNELLE (*melissa officinalis* L.).
Mélisse pétronelle.

Herbe avant la floraison. — La mélisse est cultivée dans les jardins; elle est odorante, a des fleurs blondes, parfois rougeâtres qui se montrent en juillet-août; sa tige est rameuse, ses feuilles sont poilées. La tisane apaise les nerfs et est employée contre les vomissements, les gaz, les crampes, les règles troublées; à l'extérieur contre les contusions et exsudations du sang.

Le *vin de mélisse* sert dans l'épilepsie, c'est un tonique. Les feuilles de mélisse sont cuites ou macérées dans du vin.

26. — CONSOUDE (*symphytum off.*).

Grande consoude, oreilles d'âne, grande langue de vache, herbe aux coupures.

Racine : *septembre.* Fleurs : *juin.*

La consoude pousse le long des rivières dans les endroits ombragés, les prairies humides à une hauteur de 5 centimètres, elle a une tige rude et velue, des feuilles un peu repliées et en forme de lancettes. Elle fleurit en mai-juin ; ses fleurs sont rouges, jaunes ou blanches et de la forme d'un entonnoir. Sa saveur est un doux *astringent*, un fort *dépuratif* et qui agit bien contre la soif, la toux, les maladies de la poitrine et des poumons ; elle purifie les voies digestives, apaise la diarrhée, la dysenterie, les coliques et les crampes intestinales. Extérieurement elle agit aussi en émollient et *détersif* et est employée contre les abcès suppurants, les fractures, les bubons et les tumeurs, les plaies et les contusions. On l'emploie aussi dans ces différents cas en compresses et maillots. Contre les hémorrhagies et le flux de sang on la cuit dans du vin. Dose : 1 p. c. chaque h. ou 2 × 3 c.

27. — CRAIE (*creta vulgaris*).

L'architecte emploie la chaux comme ciment, l'organisme en demande pour les os. Les poudres de craie et d'os sont les moyens les plus inoffensifs de nous procurer les matières calcaires dont nous avons besoin.

Dose : 2 p. j. dans 5 c. d'eau contre la chlorose, la mauvaise digestion, l'affaiblissement général, l'acrimonie. La poudre peut servir comme onguent dans les inflammations, dans les érysipèles.

28. — CRESSON (*nasturtium officinale* R. BR.).

Herbe : *printemps*.

Le cresson de fontaine est connu comme salade printanière. On le trouve auprès des fontaines et le long des rivières et il est rafraîchissant. Le cresson est un apéritif, un dépuratif: il atténue le sang et chasse la gravelle et la pierre. C'est un vermifuge, un diaphorétique ; il guérit les catarrhes, la phtisie et agit contre la constipation, les dartres, le scorbut et la teigne.

Le cresson ne sert que dans l'état vert et doit être évité par les femmes enceintes.

29. — CUMIN (*carum carvi* L.).

Carvi des prés, cumin des prés, brunion carvi.

Semence: *juillet.*

Le cumin croît dans les prairies et sur les montagnes, il fleurit en mai-juin et mûrit en juillet-août. La semence a une plus grande vertu que la racine. C'est un stimulant, un stomachique et un carminatif; il guérit la migraine, les maux de tête. Son emploi est le même que celui du fenouil.

30. — CYNORRHODON (*rosa canina* L.) = cyn.

Gratte-cul, rosier sauvage, rose des chiens, rose des champs.

Feuille: *juillet.*
Fruits: *septembre.*

Cette rose orne les haies dans les champs, elle pousse aussi dans les buissons. Les feuilles donnent une tisane contre les crampes d'estomac; les fruits pilés et cuits agissent contre les stranguries et la gravelle. C'est un dépuratif qui guérit la mauvaise digestion, les maux des reins et de la vessie, l'emphysème et la toux convulsive. La dose contre ces maux est : le cyn. + gv. + abs. 30 g. 2 × j.; cyn. + gv. + pr. agit contre les maux de tête.

31. — DENT DE LION (*leontodon taraxacon*).

Pissenlit.

Herbe, racine : *au printemps.*

C'est un apéritif, un dépuratif, il est peu tonique. Il purge les membranes muqueuses, le sang et guérit les maladies des reins, de la vessie, de la poitrine, du foie et des intestins ; il agit contre la constipation, les hémorroïdes, les maladies de la peau, la jaunisse, l'hydropisie, les scrofules et les hémorrhagies. Le suc guérit les yeux enflammés et les éruptions du visage. L'herbe sert de compresses après les maladies du foie et de l'estomac. Elle fournit une salade salutaire. Une cure de trois semaines à l'aide de cette salade fait du bien.

32. — ENCENS (*incensum*).

La résine est suée par les sapins et les pins, et de la résine on fait l'encens. Il est bon, dans les maladies de la poitrine, de mâcher un grain d'encens ; l'encens agit aussi contre les flux muqueux. La résine réconforte les muqueuses.

33. — EUFRAISE (*euphrasia officinalis* L.) = euf.

Herbe : août et septembre.

L'eufraise pousse dans les prairies, les pâturages et les clairières; c'est une petite herbe avec des fleurs blanches, violettes et striées qui se montrent en juillet-août. Sa saveur est amère et un peu aromatique. C'est un remède des yeux. On fait la décoction pendant 10', on fait passer et refroidir; on y trempe des linges pour laver 3 × j. les yeux. La nuit on l'emploie comme petites compresses sur les yeux. Eufr. + f. + pl. contre les yeux chassieux : on fait goutter un peu de la décoction dans les yeux.

1 p. dans l'eau ou la soupe améliore les sucs gastriques et la digestion. C'est un bon médicament contre la jaunisse.

34. — FENOUIL (*fœniculum officinale* All.) = f.

Semence : août.
Racine : automne.

Le fenouil pousse spontanément au Sud, il est cultivé chez nous et fleurit en juillet-août; ses fleurs sont en ombelles ; la tige est verdâtre, la racine est forte et ressemble à celle de la rave.

La semence est un excellent remède pour les yeux, le cou, la poitrine, les poumons, le foie, l'estomac et les reins.

La poudre est employée dans les bains de vapeur pour les yeux et la tête.

La décoction sert à guérir les yeux : 1/2 c. est cuite dans un peu d'eau, on lave les yeux 3 × j. Des linges pliés en quatre servent de compresses la nuit. Le fenouil avec du lait est aussi très bon pour les yeux. L'huile de fenouil est préférable.

A l'intérieur le fenouil est employé contre l'asthme, l'influenza, les coliques, les crampes, le choléra. C'est un excitant, un carminatif et un stomachique. La semence cuite pendant 10′ et prise 2 × j. guérit les yeux enflammés, purge la poitrine, allège la respiration, guérit les reins, les poumons et surtout les abcès pulmonaires. Contre les indigestions, les coliques et les crampes d'estomac on cuit 1/2 c. dans un quart de litre de lait pendant 8′ ; on prend 1/2 c. par heure. Une 1/2 c. vaut toujours mieux qu'une c. entière. Seulement dans les cas pressants on prend 1 c. ou 1 t. à la fois. F. + anis très bons contre le choléra ou la cholérine. 1 p. + 2 p. de fénugrec guérissent les crachements de sang, constipations, échauffement intérieur, les maux de la vessie. F. + sauge + abs. améliorent les sucs, le sang et la digestion. F. avec du lait est très nutritif et carminatif; il guérit la phtisie, l'affaiblissement, la migraine, les crampes des mâchoires et les refroidissements. PF. avec du miel et du lait agit contre la toux, les engorgements de l'estomac. Contre la phtisie des enfants on donne : 4 p. c. j.; c'est en même temps le meilleur des aliments pour les enfants. F. + abs. et du lait, 1 t. j. en 3 F., agissent contre l'acrimonie, la mauvaise digestion; les faiblesses du bas-ventre sont mieux traitées encore, quand on ajoute au fb. du milp. et de la milf. 3 × j. 1 p. dans les mets empêche les gaz, purge le foie et les reins. F. + gv. + abs. donnent une bonne décoction pour l'estomac, à prendre en voyages. F. + sauge + milf. bon médicament contre les vertiges. F. + cumin, ou anis agissent beaucoup plus fortement. La semence cuite avec du vinaigre et employée comme compresse guérit les grandes blessures et apaise les coliques. 1 c. cuite dans un mélange moitié eau, moitié vin agit contre la gravelle et la pierre. Dose de l'huile de fenouil : 5 g. 2 × j.; 6 g. contre les vomissements des enfants; 15 g. contre la coqueluche.

La racine peut être cuite dans du vin et servir en compresses contre les seins gonflés.

35. — FENUGREC (*trigonella fænum græcum* L.). = fgr.

Semence. *septembre.* Le fenugrec pousse dans le blé, dans l'herbe et fleurit du mois de juin jusqu'au mois d'août; ses fleurs sont petites et blanchâtres, il mûrit en septembre.

La tige est peu rameuse et les feuilles sont trifoliées.

Le fenugrec est un des médicaments les plus efficaces que Kneipp ait introduits dans la médication.

Le fenugrec forme en premier lieu un onguent pour les blessures, les tumeurs et les abcès. Il n'y a pas de meilleur remède pour ramollir les tumeurs et faire sortir le pus que cette poudre jaune d'une odeur particulière. Fgr. empêche l'inflammation des blessures, l'empoisonnement du sang ou la formation d'une chair putride.

Préparation de l'onguent : 3 ou 4 c. sont versées dans de l'eau bouillante pour être cuites 2'; on peut ajouter un peu de vinaigre pour le renforcer.

Décoction : 2 c. sont cuites dans l'écorce ou 2 p. dans 1/4 de l. d'eau. Elle enlève la chaleur fiévreuse, apaise la douleur et la guérit. On y trempe un linge pour laver les parties endolories, ou on place le linge sur la blessure, à l'endroit enflammé. C'est de cette manière qu'on peut traiter les dartres, les joues gonflées en renouvelant 2 ou 3 × j. les linges.

A l'intérieur fgr. est un *émollient*, un *réconfortant*, p. ex. contre les engorgements, les chaleurs fiévreuses : 1 t. j. Remède contre la phtisie : 2 petites t. p.; contre le typhus : 2 ou 3 c. j., de même contre la toux, les abcès intérieurs, la céphalite, la pneumonie, les maladies du cou et des amygdales.

Pour *gargarisme* contre toutes les inflammations, on cuit 1 p. c. dans 1 t. d'eau et on prend 1 c. chaque h., on peut y ajouter du miel. Fgr. est un excellent médicament contre la diphtérite : on cuit 1 p. c. dans 1/8 de l. d'eau pour gargariser. Contre les abcès de l'estomac, on prend 1/2 c. par heure ou toutes les deux heures 2 c.; la cuisson dure 2'. Il suffit aussi de faire une infusion d'eau chaude. Fgr. + abs. guérit les scrofules.

36. — FLEURS DE FOIN (*semen herbæ*) = f. f.

Les fleurs de foin sont recueillies lors de la récolte ou du pâturage.

Le premier paysan venu pourra nous les procurer; il les trouvera dans la grange après la moisson et après l'affouragement : ce sont les fleurs, les feuilles, les semences et les tiges du foin. Pour les cas de nécessité, on peut même prendre le foin ou le regain. Le foin des prairies sèches en fournit les meilleures. Elles doivent être cuites pendant 1/4 d'h.; il est bon de cuire 3 ou 4 fois les mêmes pour d'autres applications, puisque après une cuisson répétée elles donnent plus d'arome.

La dff. est un remède excellent contre presque toutes les maladies : on ne connaît pas de meilleurs remèdes pour éliminer les matières morbides, pour améliorer le sang que les f. f. Leur arome pénètre par la peau dans le sang qu'il purifie et qu'il augmente. Fgr. et la paille d'avoine ont peut-être une vertu plus intensive, mais les f. f. ont une vertu plus salutaire, plus bienfaisante; elles fortifient surtout les organes intérieurs. Leur décoction est employée presque chaude pour qu'elle exerce d'autant mieux sa force éliminatrice. En compresse, elle sert contre les dartres, la rougeole, la rubéole, la scarlatine, le rachitisme et pour éliminer le poison de la vaccine.

La loi force les parents à la *vaccination* de leurs enfants, mais non à les laisser empoisonner par le poison, appelé vaccin. La vaccine tue beaucoup d'enfants. On les sauve en leur donnant 3 jours après la vaccination, chaque jour pendant 1 h. et 1/2 une chff.

Dff. a un effet extraordinaire contre l'empoisonnement du sang, les arrêts de sang, les engelures, les rhumatismes, le rhumatisme articulaire, la goutte, les maladies mentales, les vertiges, le froid de l'estomac, les maladies de l'estomac en général, les abcès, les tumeurs, les blessures. Les chff. font surtout du bien aux enfants dans chaque maladie. Durée 1 h. 1/2. La dff. s'emploie encore sous les formes les plus variées.

1° Bain complet aux fleurs de foin : Il agit contre les indurations, les refroidissements, les indigestions, les maux du foie, les abcès, les affaiblissements. Pour les enfants : contre les scrofules, les glandes, la toux, l'asthme, les suffocations et les crampes.

2° Pédiluve aux f. f. (33°C), contre la transpiration des pieds.

3° Les bains de vapeur de pieds aux f. f.

4° Les bains de vapeur de tête aux f. f. pour toutes les éliminations possibles.

5° Les bains de vapeur aux f. f. à la chaise percée contre l'hydropisie naissante, la rétention d'urine et les maladies de la vessie.

6° Le bain de siège aux f. f. contre les arrêts de sang au bas-ventre, l'herpès zona, les tumeurs, les abcès, la constipation, les hémorroïdes, les coliques et les crampes.

Que veut dire : *Fleurs de foin échaudées ou infusées?* Les fleurs de foin renfermées dans un vase sont mouillées d'eau bouillante qui reste un quart d'heure dans le vase hermétiquement fermé. Voilà les f. f. échaudées. Les f. f. échaudées sont bien tordues et servent de compresses aussi chaudes que possible; contre différents maux, elles se placent sur la peau et sont rattachées par un linge qui entoure le corps. Ses fleurs échaudées peuvent agir contre les gaz, les maux d'estomac, contre les maladies de tous les organes intérieurs, comme le foie, les reins, l'odeur et le goût fétide qui résulte de la transpiration des pieds. Ces fleurs ne doivent pas être placées sur les blessures ouvertes, parce qu'elles attirent trop le sang; c'est pour cette raison qu'elles ne doivent que rarement servir à des applications locales.

37. — FOUGÈRE MALE (*aspidium filix mas* Sw.).

Racine : *mai.*

La fougère mâle pousse dans les buissons, sa racine brune est jaune intérieurement et est efficace contre le ténia et les ascarides.

38. — FRAISE (*fragaria vesca* L.).

Baie : *juillet.* Feuille, herbe : *en été.* Racine : *octobre.*

La fraise nous rafraîchit pendant tout l'été. Les fruits agissent contre la phtisie, le rhumatisme, la pierre, la goutte, les maux du foie, les chaleurs intérieures, les arrêts de sang du bas-ventre ; elles réconfortent la gencive, fournissent un gargarisme contre les abcès du cou, un remède contre les éruptions que l'on enduit de leur suc. Dose : 1/8 l. dans 1/4 l. de lait ; pour purifier le sang, pour se fortifier, on peut manger du pain de son avec 1/8 de l. 2 × j. La confiture de fraises se fait comme celle des cerises et elle fournit un réconfortant pour l'hiver.

Les *feuilles* sont un aliment bien réconfortant. On les cueille là où le soleil les vivifie.

Versez de l'eau bouillante sur 1 pg. pendant 15', ajoutez du lait et du sucre, vous aurez une boisson fortifiante. Si vous ajoutez l'aspérule pour 1/4, vous aurez un *détersif* qui agit contre les éruptions, contre l'influenza, les maladies du bas-ventre et du foie.

Les racines sont un *calmant* contre la diarrhée : on les met dans un vase, on verse sur elles de l'eau chaude, on ferme hermétiquement et l'on cuit pendant 2 h. On prend de cette boisson tiède 1 v. toutes les 2 h. contre le flux de sang.

L'herbe guérit la jaunisse; le suc adoucit les blessures enflammées, et guérit les abcès putrides.

39. — GENÊT A BALAIS (*genista scoparia*).

Fleurs : *mai.* Branches, semences : *juillet.*

Les branches, les fleurs et les semences sont *apéritives* et *diurétiques*, elles exercent leur vertu sur l'estomac, les reins, la vessie et les règles. Mêlées à du miel, elles sont *diaphorétiques*. 1 p. de cendres de genêt cuite avec 1 l. d'eau guérit la rétention d'urine et l'hydropisie.

40. — GENIÈVRE (*juniperus communis* L.) = gv.

Baies : *avril ou mai.*

De toutes les parties du genévrier, c'est la baie qui a le plus de vertus; elle est bienfaisante pour la poitrine, les poumons, le foie, l'estomac, les reins et les *maladies de l'abdomen.* Le genièvre donne du *ton aux nerfs*, c'est un *détersif* pour l'estomac, les intestins et le sang; il aide à la guérison de l'infection, de la goutte, des stranguries, de l'embonpoint, de l'anémie, du catarrhe vésical, de la diarrhée, de la migraine, de l'inflammation de l'estomac, de la jaunisse des enfants, des éruptions, des glandes et de la gravelle. Les jeunes bourgeons sont très efficaces contre l'hydropisie; gv. + prêle s'emploient utilement contre tous les maux énumérés : gv. convient dans le mélange de toutes les herbes surtout pour les remèdes de l'estomac. Dose ordinaire : 10 baies broyées. Aux enfants on donne 3 × j. 1 ou 2 c. de la décoction; gv. + renouée + pr. : bon médicament contre la pierre et toutes les maladies abdominales.

41. — GENTIANE (*gentiana lutea* L.) = gt.
Gentiane jaune, grande gentiane, quinquina du pauvre.

Racine : *octobre.* Fleurs : *août.*

C'est une herbe des Alpes cultivée chez nous dans les jardins à cause de sa racine et de ses fleurs qui apparaissent en juillet-août. La tige est grosse, les feuilles ovales, les fleurs en bouquets et d'un jaune doré. La racine bisannuelle a la plus grande vertu curative. Elle doit être précieuse, parce qu'elle se vend cher. En effet, elle est un excellent médicament pour *tonifier* les nerfs et réconforter l'estomac. Les nausées, les indigestions, les crampes, les syncopes doivent reculer devant elle. La faiblesse des muscles, la chlorose, la diarrhée, la pression d'estomac, les gaz, l'inappétence, les fièvres intermittentes, les vers, même l'épilepsie, les crampes des enfants et la syncope : tout cela est combattu par la gt. Aux vieux la gt. réchauffe l'estomac.

Dose : 20 à 30 g. dans 6 lc. d'eau ou 1 p. c. dans 1/2 v. d'eau chaude ou de vin. La décoction se fait en 3' dans 1/4 de l. d'eau;

contre la faiblesse des nerfs : 5 g. dans un petit v. d'eau, 1 c. par h.; contre les gaz : 5 à 6 g. La racine retient sa vertu presque pendant 5 ans. Il ne faut pas excéder les doses.

42. — GIROFLÉE (*geum urbanum* L.).

Benoite, herbe de Saint-Benoît, herbe bénite, racine de giroflée, goriot, goliot.

Racine : *octobre*.

L'herbe bénite s'attache aux vieux murs, croît dans les lieux ombragés et les jardins. La tige atteint souvent la hauteur d'un mètre, elle est rouge verdâtre, les feuilles sont dentelées, velues; les petites fleurs jaunes ont cinq feuilles et apparaissent de mai à septembre. La teinture est un fort *stomachique* et agit contre la diarrhée, même contre le vomissement. C'est un *astringent*, un *diaphorétique* qui aide à guérir la dysenterie, les fièvres intermittentes et les blessures.

43. — GROSEILLE (*riber nigrum*) = cassis.

Feuilles, rameaux : *mai*.

La groseille noire a une odeur nauséabonde; c'est un *sudorifique* et un *diurétique*. Sa saveur agit con-

Feuilles, rameaux : *mai.* Baies : *juin.*

tre la goutte. Les *rameaux* et les *feuilles* ont des vertus contre la goutte, le rhumatisme, la gravelle, les rétentions d'urine et l'hydropisie ; les deux sont des *stomachiques.* Les jeunes *bourgeons* agissent contre la toux, l'enrouement et les amygdales gonflées.

44. — GUI (*viscum album* L.).

Feuilles : *en hiver et toujours.* Baies : *sept.-octob.*

Tout le monde sait que ce parasite s'attache aux vieux arbres, surtout aux chênes et aux peupliers. Il pénètre dans l'écorce et y prend sa nourriture. La fleur, qui est jaune, apparaît en mars-avril, ses baies sont blanches ; mêlées à de la térébenthine et à de l'huile, elles servent comme appâts d'oiseaux. Elles sont *vermifuges.* Les *feuilles* servent contre les coupures, les abcès de l'estomac, contre le flux et le vomissement de sang, les hémorroïdes, l'hystérie, les crampes, l'épilepsie, les arrêts de sang, les hémorrhagies, les vertiges, en général contre toutes les maladies des muqueuses, par conséquent contre la toux, etc. Kneipp y mêle par parties égales la santala et la prêle contre le flux de sang.

45. — GUIMAUVE (*althæa officinalis* L.).

Fleurs : *juillet.* Racine : *septembre.*

Elle a quelque effet contre les maladies du cou, des voies urinaires et contre la toux.

46. — HIÈBLE (*sambucus ebulus* L.).

Petit sureau, sureau nain, petit sëu, sureau des bois.

Racine : *avril.*

Le petit sureau se trouve dans les terrains pierreux, sablonneux, sur le bord des forêts, des chemins ou des fossés. La fleur ressemble comme forme à celle du sureau noir; elle se montre en juin-juillet blanche et grande, elle se change en automne dans des raisins superbes noirs et plus petits que ceux du sureau noir. L'hièble a une racine longue et rampante, qui seule sert de médicament. Sa vertu est astringente et s'exerce sur les nerfs, les matières malsaines qu'elle élimine par l'urine; elle est extrêmement efficace contre l'*hydropisie*, surtout contre l'ascite, contre tous les dérangements du bas-ventre, les flueurs blanches, et la rétention d'urine. Dose: 2 p. de poudre cuites 4'

(*Suite*). Racine : *avril.* — dans un peu d'eau. Pour les enfants 1 p. dans une t. d'eau suffit; de cette décoction, on leur administre 3 × j. 2 c.

47. — LAIT (*lac*).

Le *lait caillé* rend de grands services comme médicament, surtout dans la pneumonie ou la pleurésie. Ses effets surpassent ceux de tous les cataplasmes prescrits par les médecins. On doit prendre ce lait aussi froid que possible, bien le presser et puis le délayer à l'aide du petit-lait pour en faire une espèce d'onguent; on place cet onguent sur un linge en faisant une couche de la grosseur d'un pouce; on couvre l'onguent d'un autre linge et on place le tout sur la partie endolorie; après un quart d'heure le lait a décongestionné les poumons et les douleurs ont cessé. Certes, il n'y a pas de remède plus efficace contre ce mal terrible que le lait caillé ou le *fromage blanc*. Sous forme de compresse il peut être placé sur les abcès, les os endoloris et les yeux enflammés; il sert aussi contre la teigne des enfants; on peut enduire la tête 2 ou 3 fois de cet onguent. Partout il rend les services les plus précieux.

Le *petit-lait* est aussi salutaire : 1° intérieurement contre la fièvre, il rafraîchit; 2° extérieurement contre les abcès, il apaise les douleurs lancinantes.

48. — LIERRE TERRESTRE (*glechoma hederacea* L.).

Feuilles : *mars à novembre.*

Il ne faut pas confondre le lierre terrestre avec le lierre grimpant. En avril-mai on trouve déjà cette herbe le long des haies, dans les endroits herbeux et ombragés, dans les cavernes, les vieux murs et dans les buissons; elle a des fleurs rougeâtres à l'extérieur, de l'autre côté celles-ci sont d'un joli vert. Elles sont presque rondes et ont une saveur amère qui est utilisée contre les engorgements de la poitrine, les maladies des poumons et de la poitrine, contre le crachement de sang, les troubles de l'estomac, la diarrhée, contre la phtisie, les scrofules, les flueurs blanches et les vers.

Extérieurement on l'emploie contre les blessures et les abcès. Aspirer le suc dans le nez est un moyen d'apaiser le mal de tête; en versant quelques gouttes dans les oreilles on supprime le tintement d'oreilles, la douleur des dents. La décoction des feuilles sert en compresses contre les maux de tête, de dents et d'oreilles.

49. — LIN (*linum usitatissimum* L.).

Semence : *août, septembre.*

La semence du lin guérit les maux de la poitrine, la toux, les points de côté et l'enrouement : elle est un calmant, un résolvant, un éliminant. Cuite avec du miel elle fait cesser le crachement de sang, la toux de sang. La décoction guérit les rhumatismes et la goutte ; elle dure 1/4 d'h. et devient plus bienfaisante avec du lait. Mêlée au miel, elle agit contre la constipation, les vomissements et les aigreurs de l'estomac.

L'*huile de lin* est bonne contre les hémorroïdes, la dysenterie et les coliques. Cuite avec de l'huile, du miel et de l'eau la semence sert de compresses contre les tumeurs enflammées, les points de côté, les diarrhées et les refroidissements. La compresse devient plus forte quand on grille la semence et qu'on la cuit avec du vinaigre. Cuite avec de la cire, elle peut être placée sur les blessures et sur les tumeurs. Remèdes contre les brûlures : Lin avec de l'albumine (blanc d'œuf) et de la crème : cuire et remuer. Le fgr. a une plus grande vertu que le lin.

50. — MAUVE (*malva rotundifolia*).

Herbe : *juillet.*

La petite mauve, à feuilles arrondies, se trouve le long des chemins, dans les endroits incultes, les collines arides ; elle fleurit de juillet en automne ; elle est *pectorale* et peut être employée contre les maux du cou et de la poitrine, ou extérieurement en compresse contre les inflammations, les points de côté et les abcès.

51. — MENTHE (*mentha piperita*).

Fleurs, feuilles, petits rameaux : *juillet.*

La menthe poivrée ou menthe anglaise fleurit en juillet et mûrit en septembre. Son suc est *réchauffant*, *stomachique ;* il élimine les matières morbides et agit contre l'inflammation des muqueuses. La menthe est employée contre les coliques, les nausées, les vomissements et les battements de cœur. — Cuite avec du vinaigre elle fait cesser les crachements de sang ; avec du lait, elle fait cesser les maux de l'abdomen. — Extérieurement la menthe sert de compresse contre les contusions, le rhumatisme. Menthe + sauge + abs.

(*Suite*). Fleurs, feuilles, petits rameaux : *juillet*. — agissent contre les dartres. Avec ct. + sauge elle est dépurative et améliore les sucs. L'*huile* de menthe apaise les nerfs, les crampes et est un *carminatif*.

52. — MENTHE A FEUILLES ARRONDIES (*mentha crispa*).

Petits rameaux : *juillet*. — Cette menthe est désignée par Kneipp sous le nom de menthe aquatique ; elle croît spontanément sur le bord des ruisseaux, le long des fossés et près des buissons ; elle a des vertus plus grandes que la menthe poivrée.

53. — MÉNYANTHE (*menyanthes trifoliata* L.). = mén.

Trèfle amer, ményanthe trifolié, trèfle des marais, trèfle des castors, trèfle aquatique.

Feuilles : *août*. — Le ményanthe se plaît dans les marais, les pays humides et marécageux ; il n'est pas là où croît le bon foin. Il a une racine longue et rampante, il fleurit en mai sans odeur ; sa fleur est blanche ou rouge et a la forme d'un épi. Les feuilles sont toniques pour l'estomac, le sang, le foie, la vessie et les reins. Elles sont surtout stomachiques parce qu'elles améliorent les sucs gastriques, en éliminent les matières malsaines et excitent l'appétit. Elles aident à combattre les gaz, les maux de tête. Sa saveur amère guérit la chlorose, le scorbut, l'hydropisie, l'ascite, la constipation, les fièvres intermittentes, le refroidissement, les catarrhes, le catarrhe vésical, les abcès, les tumeurs et la faiblesse qui suit l'apoplexie.

Feuilles : *août*.

La *décoction* s'emploie contre les gaz et les mets indigestes ; la *teinture* est préférée contre le refroidissement, p. ex. 10 g. avec du sucre ; contre l'hydropisie 20 g. ou 1 p. c. Le mén. + sauge + cf + abs. ; ou + sauge + milf. ; ou + sauge + abs. : toujours il excite l'appétit, il améliore les sucs et rend la digestion meilleure.

54. — MIEL (*mel*).

Le miel *nourrit ;* il *adoucit* dans les fièvres et *apaise* dans les inflammations. Il est difficile à digérer et conduit facilement à la diarrhée, produit des gaz et des aigreurs d'estomac. A chacun d'essayer à ce sujet son estomac. Les vieillards peuvent mieux le supporter que les jeunes gens. Il a sur les vieillards une action reconstitutive. Le miel est à préférer au sucre dans le café. Il vaut mieux confire les fruits dans du miel que dans du sucre. Tous les médicaments sont plus forts, si le miel est ajouté; le miel doit toujours être cuit. — Contre la goutte on prend 2 à 4 c. j. Contre les maux de la gorge on cuit 1 c. 3′ dans 1/4 de l. d'eau et l'on en prend 2 à 4 c. par h. Contre les gaz et les abcès de l'estomac on cuit 1 c. avec 1 c. de lin dans 1/4 de l. d'eau 20′, on en prend 2 c. toutes les 2 h. — Contre l'influenza; on cuit 1 t. dans du lait : cette décoction prise chaude produit la transpiration. — Le miel avec du café de malt est dépuratif et augmente le sang. Pour fortifier les enfants on leur donne 2 p. dans un 1/8 de l. de lait, 1 p. est cuite dans 1/4 de l. d'eau pendant 3′ : il purifie et tonifie les yeux. On peut y tremper du linge et laver les yeux à l'extérieur et à l'intérieur. 1 g. de miel pur 2 × j. dans les yeux est un bon remède. Le miel avec l'abs. : 2 grandes et 3 petites feuilles vertes d'abs. sont bien pilées dans un mortier : un des meilleurs remèdes pour les yeux. Le miel pilé ainsi avec la sauge, ou avec la sauge et l'absinthe ou avec la racine de la tormentille : autant de remèdes pour les yeux. Le miel avec la teinture de la tormentille et de l'absinthe produit les mêmes effets. On fait cuire le miel avec l'absinthe dans l'eau, laver 2 × j. les yeux avec cette décoction; ou 1/2 c. de miel cuite 5′ dans un 1/4 de l. d'eau; tout cela fortifie ou guérit la vue. Il est bon d'alterner souvent ces remèdes.

Le miel comme gargarisme: cuire 1 p. c. dans 1/4 de l. d'eau.

Le miel comme onguent : moitié miel, moitié farine, un peu d'eau et cuire fortement; c'est un remède contre les abcès. On peut ajouter aussi de la cire.

Cet onguent peut être cuit doucement avec de la poix et du beurre frais en parties égales, la décoction sert contre les abcès anciens et les tumeurs dures.

Le *miel acide* se prépare 2/3 miel + 1/3 vinaigre de vin; 2 c. du mélange avec la tisane de sauge forment un gargarisme adoucissant.

Beaucoup d'ouvrages indiquent la manière de faire le vinaigre et le vin de miel. Pour le vin et le vinaigre de miel on cuit le miel dans de l'eau, mais pour le vinaigre de miel on emploie 5 c. de miel avec 1 c. de vinaigre.

---

55. — MILLEFEUILLE (*Achillea millefolium* L. = mill).

Herbe aux charpentiers, aux militaires, aux coupures, à mille feuilles; achillée.

Nous rencontrons cette herbe pendant tout l'été jusqu'à l'hiver le long des chemins, dans les prairies et les pâturages. L'une de ces herbes a des fleurs blanches, l'autre des fleurs rouges ; les rouges ont la plus grande vertu. Comme le mi[illegible]pertuis elle améliore les sucs [illegible]striques, elle convient donc pour les maladies de l'estomac. Elle agit contre les crampes, le flux de sang, les rétentions d'urine et les stranguries, les hémorroïdes, les maladies des nerfs et des poumons, les engorgements, la goutte, le rhumatisme, les engelures, les flueurs blanches et les maladies génitales. Elle adoucit les maux de tête, apaise les poumons, la poitrine, l'estomac et le foie ; elle aide à guérir la diphtérite et l'incontinence d'urine, les inflammations et le marasme. C'est un *dépuratif : Décoction* fréquente : milf. + milp. + pl. ; ou + sauge + abs. ;

Feuilles, fleurs : *en été.*

(*Suite*). Feuilles, fleurs : *en été*.

cette décoction améliore le sang ; milf. + milp. + sauge : remède contre la transpiration des pieds ; milf. + milp. + pr. contre la constipation ; milf. + obs. + pr. pour un organe faible ; milf. + sureau noir + gv. contre le rhumatisme. La décoction guérit les blessures et les abcès.

56. — MILLEPERTUIS (*hypericum perforatum* L.) = milp.

Herbe aux mille-trous, mille-trous, herbe des sorcières, verge d'or, trucheron jaune, barbe de Saint-Jean.

Herbe, racine : *juin*.

L'herbe se présente à nous partout le long des chemins, des fossés et des lisières. Ses feuilles paraissent perforées à cause d'un fluide qui y adhère sous forme de petits points. Il fleurit de juin à septembre. Ses applications sont très variées. Il est avant tout un excellent remède pour le foie et l'estomac ; il guérit les maux qui proviennent d'une mauvaise digestion, calme les maux de tête et les arrêts de sang. Il distribue le sang coagulé à l'intérieur des organes, purifie le foie et les reins. Le mal de tête le plus terrible se guérit par le milp. Il agit contre les ca-

(*Suite*). Herbe, racine : *juin.* | tarrhes chroniques, l'asthme, les maux des poumons, de la vessie et de la matrice, c'est une bonne tisane dans l'âge de la puberté.

Milp. + milf. + abs. : dépuratif; + milf. + gv. : dépuratif et stomachique; remède contre la goutte, l'engorgement, les matières malsaines et l'aménorrhée.

+ Milp. + sauge : stomachique, dépuratif, améliorant le sang.; + milf. : il règle la circulation, purifie les sucs et agit contre les scrofules et la diarrhée. On prend 1 ou 2 t. j. Milp. + pr. : dépuratif, réconfortant des reins et dépuratif. Milp. + sauge + abs. 2 × j. 4 c. : un des meilleurs stomachiques : 1 t. j. en 3 pf. est un bon réconfortant. + ct, contre l'infection. + ct, + abs. 2 × j. 15 g. dans 8 ou 10 l. d'eau : pour les grandes faiblesses. Milp. + milf. + abs. 1 t. j. contre les pieds ouverts, l'influenza et les maladies mentales. Contre les congestions de la tête ou de la poitrine, contre les douleurs coxales on prend 50 g. dans 1/8 de l. d'eau. Comme compresse cette herbe exerce sa vertu contre les contusions, les blessures et les brûlures.

57. — MOURON BLANC (*stellaria media*).

Mouron des oiseaux, morgeline.

Herbe : *tout l'été.*

Le mouron a les feuilles rondes et les fleurs blanches; il fleurit depuis le printemps jusqu'à l'hiver. C'est une herbe très petite et très humble qui pousse dans les champs humides et aux bords des chemins. Le bétail et les oiseaux la recherchent beaucoup.

Le mouron a une vertu *dépurative* et *tonique*. Il a une action salutaire dans les maladies du poumon, de l'estomac et des voies urinaires, contre la phtisie naissante, les engorgements de la poitrine et en général contre toutes les maladies de la poitrine. Cette herbe excite l'appétit.

Le mouron, employé en compresses, possède une vertu dépurative et *rafraîchissante* et, sous cette forme, il est excellent contre les éruptions, les dartres et les abcès, surtout si la saveur est fraîche.

Dose pour maladie de poitrine : 3 c. j. ; si on le cuit en parties égales avec du vin rouge, du miel ou du sucre, sa force est beaucoup plus grande.

Le mouron se prend aussi sous forme de poudre.

58. — MOUTARDE (*sinapis alba* L.).

Semence : *juillet.*

La moutarde blanche. Avaler j. 20 à 30 graines, produit une bonne digestion et élimine le mauvais goût. Cuite avec du vinaigre la moutarde sert de gargarisme ; cuite avec du vin elle est très tonique pour l'estomac. Elle agit aussi contre les maux de tête, les vertiges, la toux invétérée, le flux de sang et l'hydropisie. La moutarde est une amie des reins.

59. — MYRTILLE (*vaccinium myrtillus* L.) = myr.

Airelle, airès, aradeck, abretier, brembelles, brimbailles, cousinier, gueule de lion noir, lacet, moret, morette, raisin des bois, raisin de bruyère.

Baies : *juillet.* Feuilles : *mai.*

Les enfants savent que cette baie agréable se trouve dans les forêts, les bruyères, dans les terrains secs et arides. Les fleurs se montrent en avril jusqu'en juin. Elle est un bon médicament contre la diarrhée, le choléra, la cholérine, le vomissement, les crampes d'estomac, les maladies de la vessie et de la matrice. En mangeant la baie, on fait

(*Suite*). Baies : *juillet*. Feuilles : *mai*.

cesser la diarrhée; 1 c. du suc dans 1/2 v. de vin rouge chaud est plus efficace encore. Il suffit ordinairement d'administrer une seule fois le remède, la diarrhée la plus terrible doit céder. Contre le choléra ou la cholérine on prend 2×2 c. j. dans du vin rouge ou de l'eau chaude. Aux enfants on donne 20 g. dans 2 ou 3 c. d'eau 1 ou 2 × j.

On peut macérer les baies dans de l'eau-de-vie et pour les cas énumérés prendre 1 l. dans 1/8 de l. d'eau chaude ou 10 g. avec du sucre, ou 20 à 30 g. ou 2 × 1/2 l. j. dans l'eau chaude. La décoction des feuilles agit contre la stomacace et le scorbut. Avec le sucre elle fait cesser le crachement de sang.

60. — NOYER (*juglans regia* L.).

Feuilles : *juin*. Fruits : *septembre*.

La décoction des feuilles guérit les scrofules, les glandes gonflées, les inflammations des yeux, la goutte, les abcès malins et les fontanelles. L'huile est extraite des noyaux et sert contre les taches des yeux, les dartres sèches et le ténia. Le brou de noix verte est confit avec du sucre et employé contre l'inappétence, la

(*Suite*). Feuilles : *juin*. Fruits : *septembre*.

faiblesse d'estomac. Le brou de noix est un bon remède contre les engorgements et la carie des os. L'écorce est un vermifuge, elle guérit la goutte, la gravelle et les maux de dents chroniques.

61. — ORGE (*hordeum vulgare*).

L'orge mondé, c'est l'orge sans la gousse; l'orge perlé, c'est l'orge sans la gousse et le son. 2 pg. d'orge bien nettoyée, cuite dans 1/2 l. d'eau pendant 3/4 d'h., donnent une boisson rafraîchissante et nourrissante pour les fiévreux. On peut faire aussi la préparation suivante : on cuit l'orge 5' et on décante l'eau; 2 l. d'eau fraîche sur l'orge et cuire une seconde fois l'orge jusqu'à ce que la moitié de l'eau soit évaporée, puis passer le tout : bonne boisson pour les poitrinaires. Cuire 1 c. de miel avec 1 t. d'eau d'orge : laver 3 × j. les yeux avec cette eau, est chose excellente; 1 t. de cette décoction guérit les yeux chassieux. La soupe d'orge fortifie extraordinairement. Les compresses d'orge cuite sont excellentes contre les abcès chauds et la goutte.

Le malt guérit, comme le café, les reins, les scrofules, le scorbut et les maladies de la peau. Les bains de malt sont très réconfortants pour les enfants faibles et rachitiques, et guérissent les dartres et aussi la teigne du cuir chevelu.

Si l'on cuit la farine d'orge avec du lait on obtient un onguent contre les abcès chauds.

La farine d'orge rôtie avec le son fait cesser la diarrhée.

62. — ORTIE (*urtica dioïca*).

Racine : *avril.* Herbe : *juillet.*

La grande ortie est connue de tout le monde, mais malheureusement comme mauvaise herbe. La racine et l'herbe sont des médicaments. La *racine* est un *astringent*, un détersif, un pectoral; elle agit contre les flueurs blanches, la diarrhée, la toux, l'hydropisie, les refroidissements, le typhus. Prise comme légume l'herbe purifie le sang. L'ortie engraisse les cheveux. Pour combattre l'asthme, les rhumatismes, l'influenza, on peut se frapper la poitrine, le dos, les jambes avec des orties. On éprouve une sensation de brûlures, mais le mal cède. Le suc de l'ortie peut faire cesser l'hématurie. L'herbe cuite avec la racine colore les œufs, apaise les vomissements, les nausées, les

(*Suite*). Racine : *avril*. Herbe : *juillet*. — maladies du poumon, le crachement de sang, les points de côté et le flux de sang. Contre le saignement du nez on aspire le suc dans le nez. Les fibres servent à fabriquer une toile dans beaucoup de pays.

L'ortie nous donne un remède pour les *cheveux* : on dessèche l'herbe, on y verse du vinaigre et l'on fait macérer quelques semaines; la tête est lavée 3 × j. Les cheveux tombés avant le temps peuvent de nouveau être excités par cette eau. La racine aussi peut servir à ce but : on fait un mélange 2/3 eau + 1/3 vinaigre et l'on opère comme pour l'herbe. Si les racines des cheveux sont encore vivaces, la guérison se fera; elle est garantie, quand le cuir chevelu est encore un peu velu et pelliculeux. L'effet est plus sensible, si l'ortie est mêlée à la bardane.

Préparation de l'huile d'ortie. Les racines sont découpées, pilées et mises dans de l'huile d'olives; placer le tout au soleil ou dans un endroit chauffé, en quelques semaines l'huile est faite. Elle est bonne contre les éruptions de la tête. Ortie + f. + pl. : bon remède contre la toux et toutes les maladies pulmonaires. Ortie + milf. + milp. : 3 × 8 l. j. est un bon remède pour purger le sang.

63. — OS (*ossa*).

On brûle les os pour en faire une *poudre*. On prend quelques livres d'os de bœuf, on les purifie au plus net et, dans un ébraisoir on les porte sur un feu bien fort. Après une cuisson de très longue durée les os fournissent une matière noire (*poudre noire*) ; en continuant encore assez longtemps la cuisson, on aura une masse blanche qui donne par la trituration la *poudre blanche*. 1 p. 3 × j. de cette poudre dans les mets est un excellent tonique pour les affaiblis et surtout pour ceux dont les os dégénèrent ou sont trop faibles. Les os contiennent évidemment toutes leurs parties constituantes. Ces parties peuvent servir à la formation de nouveaux os, si les os sont brûlés et bien pilés. L'expérience nous dit que l'estomac peut en assimiler de nouveau les parties ; cette poudre d'os est préférable à toute autre préparation, de quelque nom savant qu'on la décore.

La poudre d'os améliore le sang et l'augmente, c'est donc un réconfortant. Avec la poudre de gv., avec la résine elle fortifie surtout les vaisseaux intérieurs et agit contre les éruptions, les dartres, la chorée, les maladies des pieds, des nerfs, la déviation de l'échine chez les enfants.

Dose : 2 p. dans l'eau ou les mets.

64. — PÉTASITE (*petasites officinalis*).

Racine : *octobre.*

C'est le grand tussilage qui pousse dans les prairies et au bord des rivières. Sa fleur apparaît déjà en mars-avril ; la racine a un goût désagréable, c'est un diaphorétique, un apéritif qui agit contre les fièvres malignes, l'épilepsie, l'asthme, la goutte et les règles troublées.

65. — PLANTAIN (*plantago*) = pl.

Feuilles : *en été.*

Il pousse le long des chemins et dans les prairies. Il y a un plantain large et un plantain pointu ; le dernier est plus fort. Le large (p. major) nous fournit une semence pour les oiseaux. Le plantain est un astringent, un dépuratif. Dose : 4 c. j. pendant 3 semaines : bon contre les engorgements. Le plantain est un médicament pour les poumons contre l'hémorragie (dose : 1 c. avec du vinaigre p. ex. à chaque quart d'h.), pour l'estomac contre la diarrhée. Contre les coliques on peut frotter le bas-ventre avec le suc. Le suc rend de grands services contre le choléra, l'influenza et la phtisie. Con-

(*Suite*). Feuilles: *en été.*

tre la goutte on cuit 8 c. avec 1 p. c. de miel 5'; contre les vers on administre 3 heures avant le repas du matin 5 c. Pl. + renouée + tus. : remède contre la toux. Extérieurement le suc est employé pour les blessures : on imbibe un linge de ce suc et on renouvelle 3 × j. Pour les blessures plus fortes on prend 3 c. Contre la fièvre vulnéraire on cuit le suc dans du vin et l'on prend 2 t. j. Ce suc guérit les contusions, les tumeurs et les morsures ; il réconforte la gencive, apaise les douleurs des dents, des yeux et des oreilles. Laver les yeux 3 × j. ; on laisse dégoutter le suc dans les oreilles 2 × j.

Les feuilles peuvent être placées elles-mêmes sur les blessures.

66. — **PRÊLE** (*equisetum arvense*) = pr.

Herbe: *en été.*

La prèle ou queue de cheval recherche l'argile, les prairies humides et les marais. C'est un astringent très parfait qui ne peut jamais nuire. C'est un *détersif* pour le sang, l'estomac, les reins et la vessie. A l'extérieur elle est aussi *astringente* et *détersive*, elle constitue donc un

(Suite). Herbe : *en été.* — bon remède pour les blessures, et elle peut être utilisée pour les compresses et les maillots.

La prêle de limon (equisetum limosum) a une vertu plus grande; elle fleurit en juin. La prêle d'hiver (equisetum hiemale) croît dans les forêts humides, sur les rivières et fleurit déjà en mars-avril; elle a la même valeur.

Kneipp a introduit de nouveau cette herbe dans la médication et bientôt elle ne sera plus méprisée. Le curé bavarois obtient beaucoup de guérisons par la prêle : cancer, lupus, carie des os, odeur fétide de la bouche, arrêts de sang, refroidissement, crachements de sang, vomissement de sang, flux de sang, hémorroïdes, surtout le foie, la rate, les abcès, les tumeurs, la gravelle, les vers : tout cela est soumis à la force de notre herbe.

La prêle agit souvent plus fortement que les f. f. et elle convient mieux aux blessures et aux abcès enflammés; elle distribue le sang que les f. f. accumulent plutôt. La pr. fournit un gargarisme contre les maux de la gorge, un remède pour le saignement du nez : il suffit de l'aspirer par le nez.

La pr. se joint à toute autre herbe pour la guérison et elle est en effet un remède extraordinaire. C'est un médicament aussi pour les yeux. Contre le cancer de la langue on la mêle préférablement avec l'aloès ou l'alun; contre les maladies du foie avec le gv.

Le meilleur mélange est : abs. + gv. + pr. : 1° il améliore les sucs gastriques; 2° purifie le sang; 3° produit une nouvelle activité.

67. — PRIMEVÈRE (*primula off.* ou *veris*).

Coucou, brayette, primevère d'hiver, primerelle, herbe de paralysie, de Saint-Paul, yeux de chats, flan.

Fleurs, feuilles : *avril-mai*. Racine : *mars*.

Il n'est pas d'enfant qui ne la connaisse. La vertu réside surtout dans les fleurs; cette vertu s'exerce contre la goutte, le rhumatisme articulaire, le rhumatisme, l'hystérie, la chorée, les croups d'enfants, les vertiges, la migraine, les maladies des reins et de la vessie. La tisane a des vertus reconstitutives.

68. — PRUNELLE (*prunus spinosa*) = prun.

Fleurs : *avril-mai*.

La prunelle fleurit en avril par un temps froid ; le prunellier croît dans les endroits arides, sur les collines et dans les haies. Les fleurs sont un *détersif*, un *apéritif ;* elles servent à combattre la constipation, à exciter la digestion et à améliorer les sucs, c'est donc un réconfortant. La décoction possède aussi une vertu

(*Suite*). Fleurs : *avril-mai.*

curative contre l'adéliparie, les maux de la vessie, crampes d'estomac et l'aménorrhée. Pour une purge 1 t. suffit ; elle peut être renouvelée pendant 3 ou 4 jours. Les fleurs ne doivent être cuites qu'une minute ; on peut aussi les employer sous la forme de tisane. Si l'on aspire le suc dans le nez ou qu'on enduise de ce suc le front, on fait cesser le saignement du nez. Le remède est bon aussi contre la chute du rectum. Prun. + sureau 2 t. j. en petites P, cela agit contre la goutte. Prun. + milf. + milp. : contre les maladies du foie ; prun. + renouée + gv. t. pr. = puissant *diurétique.*

69. — PULMONAIRE (*pulmonaria officinalis*).

Herbe avant la floraison.

La pulmonaire pousse dans les forêts, dans les endroits secs, et elle est cultivée dans les jardins à cause de ses fleurs qui apparaissent de mars en mai d'abord rouges, puis bleues, de sorte qu'on trouve des fleurs de différentes couleurs sur une même tige. Les feuilles sont tachetées d'une manière particulière.

(*Suite*). Herbe avant la floraison.

La pulmonaire guérit les poumons, la toux, l'enrouement, le crachement de sang ; elle agit contre les maladies des reins et de la vessie, contre le pissement de sang, la pierre, le calcul et la diarrhée. Elle se mêle souvent au pl. pour vaincre les engorgements.

70. — **RADIS** (*raphanus sativus*).
Raifort des Parisiens, gros radis, radis noir.

Le radis cuit avec la pelure et avec du sucre et du miel fortifie les poumons. Dose : 30 g. La teinture est *antiscorbutique, stomachique* et *carminative;* elle guérit le foie, la gorge, la poitrine et la vessie ; elle agit contre la rétention d'urine et purifie les reins.

71. — **RENOUÉE** (*polygonum aviculare*) = ron.

Herbe : *en été.*

La renouée se montre le long des chemins jusqu'en hiver. C'est un remède excellent contre la gravelle ; c'est un dépuratif pour la poitrine, le foie, l'estomac, les reins et le sang en général. L'herbe a beaucoup d'action contre les hémorragies, la diarrhée, les engorgements du bas-

(*Suite*). Herbe: *en été*. | ventre. Extérieurement on la place sur les blessures et les abcès. Pl. + ct. + gv. + abs. + pr. : Voilà une des combinaisons les plus salutaires.

72. — **ROMARIN** (*rosmarinus officinalis*) = rom. Encensier, herbe aux couronnes.

Feuilles, petits rameaux : *juin*. | Le romarin pousse en pleine terre dans le Midi ; chez nous on le cultive en pots. Il est vivace, ses feuilles sont lisses et blanc argenté du côté extérieur ; il fleurit en juin. Il est plus efficace quand il est desséché. C'est un *réconfortant* pour les nerfs, l'estomac. C'est un dépuratif qui s'emploie contre les gaz, l'haleine fétide, l'hydropisie, le vertige, le rhumatisme, les maladies des poumons, du cœur, du foie, des reins, de l'estomac et en général contre toutes les maladies des organes intérieurs.

xtérieurement il aide à guérir les éruptions et le cancer. Ses fumigations purifient l'air de la chambre ; ses cendres nettoient les dents et agissent contre la stomacace. Il sert de *gargarisme* contre les maladies de la gorge.

Le vin de romarin est un excellent remède contre l'hydropisie, surtout contre l'ascite et les flueurs blanches. Il peut être fait dans une bouteille ou dans un tonneau ; dès que les rameaux sont mis en contact avec le vin, il en prend la saveur.

73. — RONCE DES HAIES (*rubus fruticosus*).

Mûrier sauvage, de renard, framboisier sauvage, grande ronce.

Feuilles : *en été.*

Qui n'a rencontré cette ronce le long des haies, des fossés, dans les broussailles ? C'est un *astringent* qui est efficace contre le crachement de sang, les flueurs blanches, le flux de sang, les dartres et la diarrhée. Mêlée à l'alun, à de l'eau et du vin, elle donne un bon gargarisme contre la stomacace.

74. — ROSE PAPALE (*althæa rosea*).

Rose trémière.

Herbe : *juillet.*

Cette rose est excellente pour les bains de vapeur de tête ou les autres bains de vapeur : elle est un émollient.

75. — RUE FÉTIDE (*ruta graveolens*).

Herbe : *juillet.*

La rue est cultivée dans les jardins et fleurit en juillet ; ses fleurs sont d'un vert jaunâtre. Elle est très amère et âcre et s'emploie contre la nervosité, l'hystérie, les douleurs de dents, les maux de tête, la faiblesse des yeux, les vertiges, les congestions, les crampes, le saignement du nez, la faiblesse générale, la phtisie, l'hydropisie, les vers, le rhumatisme, les battements de cœur, la défaillance et la goutte. La rue peut servir en *compresse*.

76. — SANICLE (*sanicula*).

Sanicle d'Europe.

Feuilles : *juillet.*

La sanicle se trouve dans les forêts épaisses ; elle a la racine noire, les feuilles d'un vert brillant, les fleurs en ombelles. C'est un *astringent*, un *dépuratif ;* elle guérit donc les blessures, les abcès, le crachement et le pissement de sang, la diarrhée et les lésions intérieures ; elle guérit les hémorragies du poumon,

(*Suite*). Feuilles : *juillet.* — les inflammations; c'est un détersif pour la gorge, l'estomac et les intestins. Dose : 1 c. chaque h. ou toutes les 2 h. La poudre se prend 3 p. j.

77. — **SARRIETTE DES JARDINS** (*satureja hortensis*).

Herbe : *juillet-septembre.* — La sarriette a une odeur forte, des fleurs bleues, une saveur âcre et aromatique surtout à l'état sec. C'est un excitant et un réconfortant qui guérit les maladies de la poitrine et des poumons, les vomissements, les coliques et les vertiges; elle sert en compresses pour les tumeurs. Son huile guérit le mal de dents.

78. — **SAUGE** (*salvia off.*).

Feuilles : *juillet.* — Cette herbe se trouve dans les jardins ; elle a des feuilles vert blanchâtre et fleurit en juin-juillet, ses fleurs sont bleues ou blanches. C'est principalement un dépuratif et un stomachique : elle guérit le cancer, les abcès de l'estomac et empêche la gangrène du foie. La sauge est appréciée aussi comme remède des reins, surtout mêlée à l'abs. ;

(*Suite*). Feuilles : *juillet*. elle rend de grands services dans la goutte et le rhumatisme ; contre les gaz, la diarrhée, la faiblesse des nerfs, les stranguries, la constipation, les catarrhes, la toux, les transpirations de nuit, l'influenza, contre la migraine et en général contre toutes les maladies des femmes.

Extérieurement c'est un détersif et un tonique pour les gencives et les abcès putrides ; elle protège contre l'infection, guérit le cancer, les abcès, la stomacace. Sauge + milf. + milp. est un réconfortant; sauge + ct., contre la diarrhée; sauge + abs. + f. ; contre la transpiration des pieds ; sauge + gv. + abs., pour la bonne digestion, la détersion de l'estomac et des reins, contre la gangrène, la phtisie, le rhumatisme, l'hydropisie. Elle fournit un *gargarisme* contre l'odeur putride de la salive, une tisane contre les éruptions intérieures, les points de côté, la toux et les blessures ouvertes. Prise avec un mélange moitié eau, moitié vin elle fortifie; sauge + abs. et moitié eau, moitié vin, nourrit et réchauffe : la sauge rend donc des services contre la diarrhée, les crampes, les abcès et l'inflammation de l'estomac, l'empoisonnement et la décomposition du sang; dans l'anémie, les faiblesses des nerfs et les maladies de la poitrine. Sauge + abs. + pr. purifie l'estomac. Mêlée à du miel elle sert de détersif pour les blessures. La *poudre* est prise dans les mets.

79. — SERPOLET (*thymus serpillum*).

Thym sauvage, poleur, pouliet, poliet.

Herbe, fleurs : *juillet.*

Le serpolet pousse sur les collines et dans les endroits arides en juillet-septembre. C'est un *réconfortant* des nerfs qui enlève le mal de tête et aide à la guérison des engelures.

80. — SON (*furfur*).

Le son est la gousse des diverses céréales. Sa décoction donne une boisson réconfortante, rafraîchissante et apéritive. Pour boissons dans les fièvres : 1 pg. de son de froment cuite dans 1 l. d'eau pendant 1 h., puis faire passer et y mêler un peu de miel et de sucre, voilà un bon réconfortant pour les affaiblis et les convalescents.

81. — SOUCI (*calendula off.*).

Fleurs des morts.

Herbe : *juillet.* Fleurs : *octobre.*

Le souci croît dans les cimetières, dans les champs et dans les jardins; sur sa tige pousse de juillet en octobre une belle fleur jaune, mais qui a une mauvaise odeur et une saveur âcre et *amère.* Son suc est utile à la guérison des glandes, des abcès malins, des crampes, des abcès de l'estomac, des nausées et des hémorroïdes.

L'*onguent* de souci. Le suc est fondu dans du beurre. Il guérit les abcès, le cancer, les yeux chassieux. Les compresses de souci servent contre les hémorragies.

82. — SUCRE (*saccharum*).

Le sucre a une action légèrement corrosive, aussi est-il un *remède des yeux.* Bien pulvérisé, pas trop fin, il est introduit dans l'œil. Il est un réconfortant, s'il est dissous dans l'eau. S'il est pris à l'état pur, il endommage la gencive et provoque des aigreurs d'estomac.

83. — SUREAU (*sambucus nigra*).

Seû, saoû, seur, seuillet, sognon, hautbois, sureau noir.

Fleurs : *juin.*
Baies : *août.*
Écorce : *mai.*
Racine : *avril.*

La décoction des fleurs sert comme application contre la toux, l'enrouement, les amygdales gonflées, les oppressions de poitrine. Elles sont dépuratives, sudorifiques, elles ont donc une action utile contre les refroidissements, les points de côté, les maux de tête, de dents et d'oreilles, l'influenza et l'hydropisie. Contre ce dernier mal on ajoute gv. + pr. et l'on administre 2 t. j. ou 1 c. Pour faire la décoction des fleurs de sureau on prend ordinairement 4 p. pg. Avec un petit morceau d'aloès de la grosseur d'un pois le sureau est un laxatif. Les feuilles peuvent servir vertes ou desséchées, 6 à 8 cuisent 10′. Elles sont dépuratives et constituent une excellente purge printanière, elles sont émollientes et apaisent les chaleurs internes, enlèvent la constipation, les maladies des reins. La décoction est un résolvant pour les oreilles, un gargarisme pour la poitrine et la gorge.

Pour guérir les reins on ajoute milf. + gv.; avec la prunelle les feuilles sont efficaces contre la goutte, p. ex. 2 g. j. en petites P.

Les baies fournissent l'extrait de sureau qui est un bon calmant. Les baies desséchées sont bonnes contre la diarrhée et sont dépuratives. On peut en faire un bon calmant en les cuisant avec du sucre et mieux encore avec du miel; on prend 1 l. dans un v. d'eau. Les baies rafraîchissent, sont détersives pour l'estomac, les reins et la vessie.

L'écorce et la racine sont sans pareilles contre l'hydropisie. L'écorce guérit aussi l'épilepsie et les crampes.

84. — TILLEUL (*tilia*) = till.

Fleurs : *juin.* Écorce, bois : *toujours.*

Les fleurs sont diaphorétiques et servent pour les bains de vapeur contre les refroidissements, les engorgements, une toux ancienne, elles sont un *détersif* pour la gorge et les bronches, un *calmant* contre les crampes, les maux de l'abdomen et des reins. Le suc de l'écorce moyenne est *dépuratif*, il guérit les inflammations et les brûlures.

La poudre du bois de tilleul est très salutaire; on pile le bois et le purifie, C'est un *réconfortant* pour les faibles et les convalescents ; un dépuratif, un antiseptique ; il empêche la formation des matières aqueuses et rend le sang et les fibres plus solides. Cette poudre rend les plus grands services dans la phtisie, les transpirations de nuit, les éruptions, les dartres, les inflammations de la gorge et de la poitrine, les maladies du foie et de la bile, contre le typhus, la chlorose, la mauvaise digestion, la surexcitation des nerfs, les vertiges, contre les ulcères humides, le cancer, le lupus, toutes les plaies fétides, qui suppurent et qui rongent : elle dessèche et forme une nouvelle peau.

Remède pour une bonne digestion : moitié sucre, moitié poudre de tilleul. Pour les maux du foie : 2 c. j. dans 1/2 l. de lait. Dose pour la jaunisse des enfants : 1/2 c. 2 × j. dans du lait.

Le bois de hêtre peut remplacer le bois de tilleul, mais n'a pas toute la vertu de ce dernier.

85. — TORMENTILLE (*potentilla tormentilla*) = tr.

Racine : *mai.*

Cette herbe, qui fleurit en juin-juillet, croît dans les forêts, les bruyères et les endroits humides ; la tige est rampante ou droite, assez

Racine : *mai.*

courte; elle a cinq feuilles à courts pétales et rangées comme celles du trèfle; les fleurs sont petites et jaunes; la racine a beaucoup d'embranchements, elle est blanche à l'extérieur, à l'intérieur rouge, et contient un suc rouge, amer et très astringent. Elle est préférable à l'état sec. Cette racine a une action utile contre la gencive saignante, l'hémorragie, le flux, le crachement de sang, les hémorragies des intestins et la chute du rectum, contre la diarrhée et le flux de la salivation.

La tr. est un *détersif* pour la gorge, les poumons et le foie; un gargarisme contre les abcès de la gorge ou le gonflement des amygdales; elle guérit la jaunisse et apaise les fièvres.

En compresses elle est efficace contre la goutte, les blessures et les bubons. Cuite dans le vin, elle agit mieux à l'intérieur; cuite dans de l'eau vinaigrée, elle agit plus fortement à l'extérieur. Contre la soif on prend 50 gr. ou 3 c. dans 1/4 l. d'eau. Dose : 1 c. chaque h. ou 1/2 h. contre l'hémorragie. Contre la *jaunisse*, du vin de tormentille 1 c. toutes les 2 heures, ou 3 p. j. de la poudre.

86. — TUSSILAGE (*tussilago farfura*) = tus.
Pas d'âne, pas de cheval, pied de baudet, herbe de Saint-Quirain, tatonnet, procheton, bechion.

Feuilles : *mai-juin.*

Le tussilage recherche l'argile. La belle fleur jaune est un des premiers messagers du printemps. Les feuilles vertes, qui ont la forme d'un pied d'âne et aussi à l'extérieur un peu sa couleur, apparaissent seulement après les fleurs. Les feuilles sont dépuratives, desséchantes, réconfortantes, et conviennent contre les engorgements des bronches et de la poitrine, l'oppression de la poitrine, les catarrhes, les maladies des poumons, les maux de l'estomac, le typhus, les chaleurs internes, les maux de tête, les inflammations, le cancer de la langue, les abcès intérieurs, l'érysipèle et la phtisie.

Employées pour l'usage externe, les feuilles vertes délivrent des inflammations. On les place sur la poitrine dans les catarrhes, l'asthme ; broyées on les place sur les ulcères putrides. Tus. + milp. + pr. : remède contre les pieds gonflés. Tus. + pl. + ct. : remède contre les scrofules. Tus. + sauge + ct. :

remède contre les maladies du poumon. Tus. + pl. : remède contre la scarlatine.

Dose de la poudre : 1 ou 2 p. 2 ou 3 × j.

87. — VALÉRIANE (*valeriana officinalis*) = val.

La valériane recherche les prairies humides, le bord des rivières et les lisières ; elle pénètre entre les pierres et les rochers. La meilleure valériane croît sur les hauteurs. Les fleurs se montrent en mai-juin ; elles sont blanc rougeâtre et disposées en bouquets. La racine est fibreuse, brune, très âcre et *amère* avec une odeur nauséabonde pour les hommes. Les chats ne sont pas de cet avis, ils aiment cette odeur. La racine est un *émollient*, un *astringent*, un *calmant* pour les nerfs ; pour cela elle est utile contre les crampes de l'estomac et du bas-ventre, contre le mal de dents nerveux, le mal de tête, les congestions, les gaz, l'épilepsie, l'hystérie, les fièvres intermittentes, le battement du cœur, les vers, la morsure des chiens enragés et les paralysies. Elle est dia-

Racine : *mars.*

Racine : *mars.*

phorétique. La valériane doit être employée peu et en petite quantité.

88. — VÉRONIQUE (*veronica officinalis*) = vér.

Herbe : *mai.*

La véronique croît dans les buissons qui couvrent les montagnes, sur les collines arides et pierreuses. La tige est rampante, elle a des feuilles ovales et velues, des fleurs bleuâtres, et qui ont des stries rouges ; elles apparaissent en juin-juillet. La véronique est dépurative et guérit les maladies de la poitrine comme la toux, la toux convulsive, la toux ancienne, l'asthme, le crachement de sang et les engorgements. C'est un stomachique qui guérit les maux de tête, les migraines.

A l'extérieur elle guérit les blessures et les brûlures ; elle sert de gargarisme contre les abcès de la bouche et de la gorge.

89. — VIOLETTE (*viola odorata*).

Herbe, racine : *automne.*

Kneipp emploie beaucoup la violette odorante contre la toux, les chaleurs internes, les tumeurs chaudes et comme *gargarisme* contre les maux de la gorge.

Il est à observer que la violette est un *poison* dont l'ingestion provoque des vertiges, des vomissements et de la fièvre.

On emploie aussi la violette contre la toux glaireuse, la phtisie, la goutte et les insomnies (des compresses de violettes sur la tête). Elle agit aussi contre la faiblesse de la respiration et les maux d'yeux.

B. — Médicaments divers.

1. — ALOÈS (*aloë vulgaris*) = al.

L'aloès est originaire de l'Afrique; il croît actuellement aussi dans les Indes orientales et occidentales. Le suc des feuilles sert de médicament.

L'aloès n'est pas à recommander pour l'intérieur : il peut occasionner différents accidents dans la pléthore ou dans les circonstances hémorroïdales.

A l'extérieur c'est un remède inoffensif pour les *yeux*, les blessures et les plaies ouvertes. La poudre absorbe les humeurs qui ont une action corrosive.

Remède pour les yeux : 1 p. dans 1 v. d'eau bouillante guérit les yeux chassieux.

Laver 3 × j. les yeux extérieurement. On peut aussi cuire 1 p. pendant 2' dans 1/4 de l. d'eau, 1 p. l. dans 1 l. d'eau chaude s'emploie contre les dartres : il faut laver la peau avec cette eau. Contre le cancer de la langue on introduit cette eau dans la bouche et on la garde un certain temps comme gargarisme.

2. — ALUN (*alumen*).

Le meilleur alun est rougeâtre ou blanc gris. Sa vertu est *astringente*.

L'alun ne doit pas être employé intérieurement, parce qu'il abaisse le calorique et l'activité de l'estomac.

A l'extérieur il donne de bons résultats contre la stomacace, le cancer et la putréfaction des tissus. L'alun peut être dissous dans l'eau et être appliqué sur les blessures, ou en compresses contre le flux de sang et la chute du rectum.

Remède pour les yeux : un morceau gros comme un pois est dissous dans 1 l. d'eau, les yeux sont lavés 3 × j. 1 p. dans un v. d'eau chaude : laver 3 × j. les yeux, ou 1 p. dans 1/8 de l. d'eau : laver les yeux 2 × j. ; 2 p. dans 1/4 l. d'eau : laver les yeux 3 × j. On prend 8 gr. d'alun pour 240 gr. d'eau, ou 2 gr. pour 180 gr. d'eau. Un onguent pour les abcès rongeants : 5 gr. pour 30 gr. de graisse de porc.

3. — AMANDE (*amygdalus communis*).

L'amande douce est pilée dans l'eau froide et elle fournit le *lait d'amandes*, qui est un calmant, un *antispasmodique* et qui *apaise* la toux, les crampes des intestins, les nervosités et l'enrouement.

L'huile d'amandes rafraîchit, réconforte et *amollit.* 33, 35, 37 g. dans les oreilles sont utiles contre le bourdonnement, les douleurs lancinantes, le cérumen, le rhumatisme et les tumeurs.

Elle est un stomachique contre les chaleurs internes; elle excite l'appétit et réconforte l'estomac. Dose : 1 p. l. 3×j. A l'extérieur : pour les blessures et contre les excoriations.

4. — CAMPHRE (*laurus camphora*).

Le camphre est l'élément primitif de beaucoup de plantes ; il se trouve, par exemple, dans la menthe, le romarin, la cannelle, et en plus grande quantité dans le camphrier qui croît dans les Indes orientales. A l'intérieur, il cause des vertiges et des vomissements. A l'extérieur, il est employé comme *esprit de camphre* contre les inflammations, les contusions et les enflures; comme *huile de camphre*, il agit contre le rhumatisme et les tumeurs.

5. — CHOCOLAT (*cacao*).

Le chocolat est bon contre la diarrhée. Il

vient de l'Amérique méridionale et des Antilles ; c'est le fruit des noix du cacaotier.

6. — CITRON (*citrus*).

Le citron croît en Orient, au Midi de l'Europe. Son suc guérit la gencive saignante ; c'est un stomachique qui délivre des gaz, des vertiges, des maux de tête et des battements du cœur. Il renferme le meilleur acide végétal contre les chaleurs et les fièvres.

L'acide citrique remplace très avantageusement le vinaigre si nuisible. Néanmoins, il faut observer que tout acide est un acide ; donc n'en prendre pas trop, ni trop souvent. Les noyaux de citron chassent les vers.

7. — GLACE (*glacies*).

On peut employer intérieurement un morceau de glace de la grosseur d'une noix contre les vomissements ou les hémorragies de l'estomac.

8. — GRAISSE DE RENARD (*axungia vulpina*).

Cette graisse, employée en frictions, sert à guérir les hernies.

9. — HUILE MALFAISANTE (*oleum maleficum*).

Cette huile, dont la composition reste mieux occulte, ne doit jamais être administrée intérieurement, car elle justifierait son nom populaire d' « huile malfaisante », en produisant de grands troubles et la diarrhée la plus terrible. Quelques gouttes de cette huile sur le bas-ventre extérieurement provoquent déjà la diarrhée. Elle produit des *excrétions* à la peau, excrétions qui sont un bon auxiliaire pour la cure d'eau. De là son nom d'huile *excrétive*.

Avant l'application de l'huile, on doit frictionner fortement la peau ou l'excorier. L'huile est appliquée ou derrière les oreilles sur l'os, contre les maux des oreilles, des yeux, des dents et de la figure ; ou sur la nuque ou sur la poitrine contre les congestions et l'épilepsie. L' « huile malfaisante » ne convient pas aux plaies ouvertes, mais elle fait du bien sur de petites ouvertures de la peau. On peut, par exemple, faire sortir le sang noir et appliquer quelques gouttes de l'huile sur l'ouverture. L'huile employée de cette façon excrète davantage le sang corrompu et accélère la guérison.

Le cancer naissant peut aussi être traité par l'huile excrétive. Dose : 1 à 3 g.

Pour les cas de nécessité l'huile d'orties peut la remplacer.

10. — MALT (*malthùm*).

C'est chez les brasseurs que nous trouverons le malt, qui est un réconfortant, un calmant, un résolvant. Le malt guérit les maladies de la peau, les scrofules, le scorbut, les maladies des reins et la teigne du cuir chevelu. L'eau de malt guérit les éruptions et les dartres sèches; laver souvent les parties malades avec cette eau.

Les pédiluves ou les bains complets de malt sont beaucoup à recommander aux enfants faibles ou dont la croissance éprouve du retard. Le malt, cuit avec du miel, est bon pour les poitrinaires. La boisson de malt se fait à l'aide de quelques cuillerées qu'on jette dans l'eau bouillante et qu'on y laisse quelques minutes.

11. — ŒILLET (*dianthus*).

Il a pour patrie véritable le Sud de l'Europe; il n'est qu'un étranger dans nos jardins. L'œillet a des feuilles gris verdâtre, des fleurs odorantes. Il en existe beaucoup d'espèces. L'huile se fait des pétales et est efficace contre les matières putrides et les gaz elle fortifie le cœur et les nerfs.

Dose : 5 g. avec du sucre.

12. — OLIVES (*olivæ*).

L'olivier croît en Asie, en Afrique et aussi dans l'Europe méridionale; ses fruits donnent l'huile d'olives. L'huile de Provence est inférieure à l'huile très claire, blanche et douce des olives. On prend 1/2 c. contre la fièvre, le vomissement, les pesanteurs d'estomac et l'hémorragie. Cette huile est un excellent remède dans le typhus, les inflammations, les coups de soleil, la diphtérite et la pneumonie; elle rafraîchit et réconforte; agit contre la gangrène; c'est un contrepoison.

Dose pour enfants : 1 p. c. ou 10 à 20 g. avec du sucre qui est trempé auparavant dans l'eau. A l'extérieur, on emploie l'huile contre les brûlures.

13. — POIVRE (*piper*).

C'est un arbrisseau des Indes orientales, ressemblant à la vigne, qui fournit le poivre. Le poivre noir et le blanc poussent sur le même arbrisseau. Le blanc est moins échauffant; on le récolte avant la maturité. 2 graines avalées entièrement *stimulent* la digestion et combattent la jaunisse. On ne doit jamais manger du poivre, si l'estomac est excité. Mêlé à du vinaigre, le poivre sert extérieurement contre les maux de dents. Le poivre est un poison mortel pour les porcs.

14. — SANTAL (*santalum*).

Le santal vient aussi de l'Orient, il ressemble au noyer. L'écorce est grise. Sa poudre rouge a un bon effet sur les vaisseaux sanguins, les muqueuses ; elle augmente la force du gui contre le flux de sang ; elle stimule la digestion.

15. — VINAIGRE (*acetum*).

Nous connaissons son usage extérieur. A l'intérieur le vinaigre non falsifié *excite l'appétit*, s'il est pris en petites portions. L'eau vinaigrée est un bon *gargarisme* contre les engorgements de la poitrine, le gonflement des gencives. L'eau vinaigrée est salutaire contre les empoisonnements du sang, les bubons, les contusions et les blessures. Dose : 1/5 de vinaigre + 4/5 d'eau pour des blessures.

V. — Combinaison des médicaments pour les diverses maladies.

Cette combinaison n'épuise pas la matière et ne peut pas l'épuiser. Nous indiquons seulement quels sont les médicaments employés contre les différentes maladies. *Quand* et *comment* on doit les appliquer, nous l'avons dit plus haut. A ce propos Kneipp s'exprime ainsi : « Il est utile de mêler souvent des herbes et de changer souvent ; on prend les herbes amères avec les moins amères ; les réchauffantes avec les calmantes, etc., par exemple, chaque fois trois espèces ». Rappelons-nous que les herbes sont pour le corps des aliments agréables, souvent très nécessaires, puis considérons quelle est la maladie et quels sont les médicaments prescrits pour cette maladie, et faisons notre choix.

Nous avons *souligné* les qualités principales de chaque herbe ; ces signes nous guideront dans notre choix. On prend, par exemple, pendant une huitaine de jours, trois sortes d'herbes ; après 8 jours, on laisse de côté une ou deux de ces herbes, que l'on remplace par une ou deux autres. Nos herbes ne peuvent jamais nuire, il n'y a donc aucun risque à courir ;

nous tâtonnons et, en fin de compte, nous trouvons ce qui nous est le plus utile. Kneipp dit : « Que la nature est contente, si elle obtient ce qu'elle désire ». Si nous avons trouvé le meilleur des médicaments pour nous, notre organisme nous manifestera son contentement.

Nous nous servons des abréviations données au commencement de cette IIe partie. Les herbes rangées alphabétiquement peuvent être combinées à volonté. Quand un certain mélange est plus efficace, nous avons indiqué la combinaison en joignant les herbes par un trait d'union (-).

A

Abcès : alun (onguent d'); eau de choucroute ; argile, aspérule ; bardane ; b. bl., cire, consoude ; éch., fgr., fraise ff. ; lait caillé ; mén., milf., mouron, noyer, orge, pl., poudre de charbon, pr. ; renouée, rose papale ; sanicle, sauge, souci, tus., vér. Al.-miel ; farine-miel ; farine d'orge-lait ; beurre-cire-poix.

Frotter avec du saindoux avant l'application, presser le sang noir en ôtant la croûte.

Abcès malin : ang.

Abcès de l'estomac : eau de choucroute, choucroute, fgr., gui, gv., mén., pr., sauge, souci, tr. F.-miel ; f.-lait ; éch.-abs. ; abs.-sauge-rm.

Acrimonie : abs., ct., f.

Activité (pour exciter l'activité intérieure) : ang. ; 15 à 20 gr. d'huile d'olives fine.

Adéliparie : abs., gv., pr., ren.

Air (rénovation de l') : gv., rm.

Amygdales : fgr., groseille, menthe, milf., milp., sureau, tr.

Appétit : amandes (huile d') ; aspic., gt., mén., noyer (extrait), poivre, prun., vinaigre ; vin d'abs., abs.-pr.

Arrêts de sang : ar., ct., ff., milp. ; gv., pr.

Ascite : ar., hièble., mén., rm.

Asthme : acore, ans., f., milp., ortie, pétasite, tus., véronique ; ortie-menthe-milf. ; abs.-pr.

Atrophie : ch.

Augmenter le sang : avoine, f., ff., gv., miel, milp., mén., sauge ; f.-lait ; f.-sauge, abs. ; miel-malt ; milf.-milp.-sauge ; milp.-pl.-milf.

Avaler (une épingle, par ex.) : choucroute, pomme de terre, pain noir ; ne pas boire, ne manger que des mets secs.

B

Battements de cœur : huile d'amande, menthe, sauge.

Bile : abs., ch., dent de lion, till., sauge; vin d'abs.

Bourdonnement (d'oreilles) : huile malf., croton, huile d'am., lierre, oignon (le suc), pl., sureau.

Brûlures : ar., olives, till., eau de choucroute, pomme de terre; lin-crème-albumine (blanc d'œuf).

Bubon : consoude, tr.

C

Calorique : abs., acore, ang., cam., cresson, cumin, gt., gv., mén., menthe; p.-lait; moutarde-vin.

Cancer (de poitrine) : fgr., ff., pr.

Cancer (au rectum) : éch., fgr. en lavements.

Cancer (d'estomac) : eau de choucroute, éch., petit-lait, sauge.

Cancer (de langue) : al., alun, abs., tr., tus.; alun-pr.

Cancer (en général) : abs., alun, argile, ff., huile malf., gv., pr., rm., sauge, souci, till., tr.; tr.-rm.-abs.-pr. B. On emploie le *miel* avantageusement avec les herbes sans le cuire; ce mélange apaise les douleurs. Cuire 1 c. de miel et une feuille d'abs. avec 4 c. d'eau et laver 2 × j. la partie endolorie.

Carie (des os) : = ff., gv., noyer, paille d'avoine, pr. ; sauge-pl.-abs.

Catarrhe : ar., cresson, carline, mén., milp., sauge, tus.

Chair putride : alun, al., fgr., olives.

Cheveux (qui tombent) : ortie, tr.

Chlorose : acore, airelle, ch., craie, éch., ff., gt., mén., poudre d'os, till.

Choléra : acore, airelle, ans., cam., f., myrtille, pl., pr., sauge, tr.

Cholérine : les mêmes et ans., f., myrtille.

Chorée : primevère, poudre d'os; vin d'abs.

Chute (du rectum) : éch., prun., tr.

Chute (de la matrice) : alun, ans., éch., pr.

Cœur (maladie de) : acore, ang., citron, giroflée, menthe, rm., rue.

Colique : ang., anis, ans., boucage sax., b. bl., cam., consoude, cumin, f., ff., lin, chou, menthe, pl., sarriette ; abs.-miel-lait.

Commotion (du cerveau) : ar.

Congestion : aspic, boucage sax., cam., huile malf., milp. ; abs-gv.-pr.

Constipation : abs., cam., ff., dent de lion, huile d'am., d'olives, de giroflée, prun., pl., sureau, sauge; f.-frg. ; lin-miel; milf.-milp., pr. Aux enfants on donne de l'eau sucrée.

Contagion : abs., ang., gv, sauge ; milp.-ct.

Contrepoison : ang. ; huile d'olives.

Contusion : ar., consoude, esprit de camphre, citronnelle, menthe, pl. pr., vinaigre.

Coqueluche : violette.

Cor (aux pieds) : ar., ff.

Coup d'apoplexie : ar. ; abs., mén., sauge.

Coup de sang : ar.

Crampe (aux mâchoires) : f.-lait.

Crampe (des nerfs) : ans., gt., val.

Crampe (d'estomac) : ans., ar., acore, cam., f., cyn., myrtille, prun., souci, valériane ; compresse abdominale, aux ff., ou des sachets remplis de noyaux de cerises ou de cailloux.

Crampes (en général) : acore, ang., ans. ; ar., bardane, cam., citronnelle, f., gt., ff., esprit de camphre, gui, huile d'am., milf., pr., rue, sureau, till., val. ; huile de menthe, d'abs., vin de sauge.

Crachement (de sang) : ans., ar., bourse à pasteur, éch., f., fgr., lierre terr., lin, menthe, miel, huile d'olives, ronce, sanicle, tr., véronique, vinaigre ; feuilles de myrt.-sucre ; 2 p. de poudre d'os-lait ; ren.-pr.

D

Dartres : al., argile, bardane, cresson, ct., fgr., ff., genêt, gv., malt, mouron, poudre d'os, ronce, till., huile de noyer ; vin d'abs. ; menthe-sauge-abs.

Dent (mal de) : ans., cam., carline, huile malf., lierre, primevère, pr., sureau, tus., vinaigre, feuilles de chêne-vin ; avoine-vinaigre ; sarriette-huile d'ol., des maillots de cou aux ff. ; fromage blanc, poivre-vinaigre.

Dépuratifs : aspérule, bardane, cresson, ct., cyn. ; dent de lion, fraise, gv., menthe, milf., milp., mouron, ortie, pl., pr., till., tus., véronique ; baie de sureau, vin à l'aspérule, sauge, miel-m[illegible] ilp.-milf.-abs. ; menthe-sauge, ct. ; mil[illegible]

Déviation (de l[illegible]*ine)* : poudre d'os.

Diabète : abs., ct., éch., gv., ortie, rom., sauge-tus.-pr.

Diaphorétiques : ang., bardane, b. bl., cresson, giroflée, groseille, pétasite, sureau, till., genêt-miel, val.

Diarrhée : ans., ar., bl. b., chocolat, consoude, éch., feuilles de chêne, fraise, glands, gt., giroflée, lierre, myrtille, pulmonaire, baies de sureau, poudre d'os, 1 c. de l'eau de la choucroute, sauge, sanicle, pl., ren., ronce, tr. Compresse de lin (semence) ; l'orge avec le son rôtie dans du beurre ; ct.-abs. ; vin d'abs.

Digestion : cam., craie, cumin, cyn., ct., mouron, moutarde, poivre, santal, till., f., sauge-abs. ; milp.-milf.-gv.

Diphtérite : fgr., huile d'ol., milf. ; milp.-milf. ; rose p.-b. bl.

Douleurs (*de la figure*) : argile, huile malf.

Douleurs (*rhumatismales*) : argile, huile malf.

Dysenterie : cire, consoude, huile de lin, de giroflée.

E

Empoisonnement (*du sang*) : ff. ; fgr. ; pr., sauge.

Empoisonnement : ang. ; éch. ; eau tiède mêlée d'huile ; eau albumineuse (12 blancs d'œufs dans 1 l. d'eau) ; manger des panades épaisses.

Engelure (*des membres*) : ar., ff., fraise, milf., huile d'ol., serpolet.

Enrouement : boucage, sax., b. bl., groseille, huile d'am., lin, pulm. ; pr., sureau.

Epilepsie : ans., aspic, éch., huile malf., citronnelle, gt., gui, pétasite, écorce de sureau, val.

Eructation : abs., sauge.

Eruption : bardane, ct., dent de lion, ff., fraise, gv., malt, mouron, poudre d'os, rom., sauge, till.

Eruption (*des joues*) : laver avec pr. ; (*de la tête*) : huile d'orties.

Erysipèle : craie, ff., gv., pr., tus.

Essoufflement (*cardialgie*) : huile de camphre, de menthe.

Estomac : abs., acore, ang., avoine, cam., carline, citron, ct., ch., dent de lion, eufraise, f., genêt, gt., ff., gv., giroflée, groseille, lierre, huile d'am., mén., milp., milf., menthe, mouron, noyer, pl., pr., sauge, rom., tr., renouée, véronique. Milf.-milp.-sauge; milp.-abs.-sauge; gv.-abs.-sauge; sauge-pr.; abs.-gv.-pr. Par heure 1 c. de fromage blanc; 1 p. c., d'eau de choucroute à chaque demi-heure.

— Par heure 1 c. de lait doux ou 1 c. de lait écrémé; macérer du pain noir dans l'eau et prendre chaque heure de cette eau; abs.-sauge-pr.

Estomac (*inflammation*): ar., ch., fgr., gv., mouron, sauge.

Estomac (*refroidissement*) : cab. de ff.

stomac (*aigreur*) : abs., miel; lin-miel.

Estomac (*hémorragie*) : glace.

Estomac (*pression*) : ch., gt., huile d'ol.

Estomac (*mucosités*) : ang., al., boucage sax., ct.; eufraise, mén., menthe, milf., milp., ortie, sanicle, tus., f.-miel-lait.

Estomac (*en général*) : abs., ar., cam., ct.; f., gv., abs.; très réconfortant.

L'*ortie* l'épure par les voies urinaires; *gt.* guérit les nausées et les oppressions; le *sureau* avec du sucre ou du miel l'épure aussi par les voies urinaires; l'*huile d'amandes* excite l'appétit, apaise. L'*huile de menthe* agit contre les flatuosités, les matières putrides, de même l'*huile de giroflée*. Le *rom*. ainsi que la *sauge* le délivrent des mucosités.

L'*huile d'aspic* excite l'appétit, chasse les gaz. Le *gv*. convient à un estomac faible ; *ch*. agit contre l'oppression, et est un remède pour un estomac gâté ; *abs*. s'emploie contre toutes les maladies gastriques ; *cyn*., *pr*. sont des détersifs ; *ct*. est un réconfortant, de même le *lait de chèvre*, le *pain de son*, la *farine d'avoine*.

Excoriations : ar., choucroute ; huile d'am., pl., sauge ; ct.-huile d'ol. ; des bains au son ou à l'éch.

Exsudation : ar., pr., sanicle.

F

Faiblesse : abs., acore, ang., ar., avoine, cam., craie, ct., citronnelle, éch., feuilles de chêne, genêt, gv., glandes, fraise, malt, miel, mén., ortie ; orge, primevère, pr., son, poudre d'av. ; till. ; vin de sauge, eau sucrée ; f.-lait ; pl. ; violette ; sauge-milp.-milf. ; milf.-abs.-pr. ; café de glands ; soupe fortifiante au lait, milp.-abs.-sauge ; milp.-ct.-abs.

Fièvre (*muqueuse*) : airelle, ar.

Fièvres (*intermittentes*) : abs., ans., gt., giroflée, mén., val.

Fièvre (en général) : avoine, b. bl., choucroute, citron, fgr., fraise, milf., orge, extrait de sureau, son, rose papale, huile d'ol., pétasite, tr., violette; sureau-miel.

Flegme : b. bl., carline, ch., ct., dent de lion, encens, gui, huile d'am., pulm., milf., noyer, rose p., pl., sauge, till., véronique; bon vinaigre; milp.-milf.-gv.

Flueurs blanches : gv., hièble, lierre, milf., ortie, pl., pr., rom., ronce, rue, sauge, bains au son, à l'éch.

Flux de sang : alun, ar., boucage sax., bourse à pasteur, cam., éch., feuilles de chêne, fraise, milf., moutarde, ronce, santal, tr.; gui-santal-pr., ortie, pr.

Flux du cérumen : ar.

Foie : abs., al., ang., aspérule, boucage sax., cam., ch., ct., éch., feuille de chêne, fraise, f., ff., eau de choucroute, dent de lion, gv., milp., pr., till., renouée, rom., sauge, vin d'abs.; milp.-milf.-prun.; gv.-pr.

G

Gale : bardane, savon vert.

Gargarisme : alun, b. bl., cam., éch., fraise, eau de choucroute, miel, pr., rom., sauge, sureau, véronique, violette; miel-vinaigre; vin vinaigré; moutarde-vinaigre.

Gaz : ang., anis, cam., citron, ct., citronnelle, cyn., éch., gv., gt. ; f., miel, milf., poudre d'os, huile d'aspic, de menthe, de giroflée, val., mén., f.-lait.

Gencive : al., ans., éch., fraise, noyer, pl., pr., tr., rom., sauge ; eau vinaigrée, eau salée.

Génitales (*maladies*) : milf. et tout astringent en général.

Glandes : bardane, cam., éch., gv., souci.

Goitre : alun, éch., pr.

Gorge : ang., b. bl., éch., f., fgr., fraise, guimauve, huile d'am., miel, milf., ortie, rose, p., pr., pl., sanicle, sauge, violette, tus., till., véronique.

Goût (*insipide*) : moutarde, sauge, abs.

Goutte : ar., bardane, boucage sax., fraise, chou, ff., gv., groseille, lin, miel, milf., primevère, rue, tr., pétasite ; décoction de rameaux de pin, noyer ; prun.-sureau ; milp.-milf.-gv.

Goutte (*pieds*) : compresse d'orge, fleur de noyer, violette.

Gravelle : avoine, bardane, cerisette, boucage sax., cresson, cyn., éch., glands, f.-fraise, gv., groseille, pulm., pr., huile d'ol. ; vin ; renouée-gv.

Grossesse : craie, till. (charbon).

H

Hématurie : bourse à pasteur, pr., pulm., ortie, sanicle.

Hémorragie : ans., cendre, dent de lion, pr., renouée, souci, tr. ; f.-lait ; gui-pr., menthe, vinaigre.

Hémorroïdes : abs., b. bl., ct., ff., lin, dent de lion, gv., mén., milf., ortie, pl., pr., renouée, souci, tus ; pain au son.

Hernie : graisse de renard, huile de camphre, paille d'avoine.

Herpès zona : ff.

Hoquet : ar.

Hydropisie : abs., acore, aspérule, cresson, dent de lion, hièble, ff., gv., groseille, moutarde, mén., rom., prun., pr. ; rue, sureau-gv.-pr. ; écorce de sureau et la racine ; sauge-gv.-abs., cendres de genêt dans l'eau.

Hypocondrie : abs.

Hystérie : abs., aspic, huile de camphre, gui, poudre d'os, rue, valér.

I

Incontinence : feuilles de chêne, milf., milp., pr., milp., milf., sauge.

Indigestion : ang., f., ff., gt., pr. ; f. abs. ;

p.-lait; potage de santé; blanc d'œuf dans l'eau.

Indurations : bains aux ff.

Inflammation : ar., argile, ch., b. bl., éch., feuilles de chêne, craie, cam., esprit de camphre, miel, menthe, till., tus., huile d'ol., milp., vanille, violette, fromage blanc; milf.-abs., gv.-abs.-pr.

Influenza : abs., b. bl., choucroute f., pl., sauge, sureau; miel-lait; milp.-milf.-abs.

Insomnie : abs.-ar.; violette.

Intestins : ar., gv., dent de lion, noyer, sanicle, tr., vin d'abs.

Ivrognerie : 1 p. c. d'eau de choucroute toutes les 1/2 h.

J

Jaunisse : abs., 2 p. d'al., dent de lion, eufraise, feuilles de fraise, gv., poivre, pr., sauge, tr.. till.; poudre de charbon de tilleul-lait.

L

Laxatif : al., cresson, genêt, son, sureau.

Lupus : ar., argile, éch., huile malf., miel, ortie, pr., pl., till., tr., violette, éch.-abs.-pr.-miel; ou éch.-sauge-abs.-tr., le miel n'est pas cuit; argile-vinaigre; on peut aussi ajouter du miel à l'huile malf. On peut p. ex. appliquer l'huile malf. pendant 3 jours, puis la prêle, ou miel-tr.

Luxation : ar., camphre, f. f., vinaigre.

M

Mal (*de tête*) : ang., anis, aspérule, aspic, boucage sax., ct., citron, cumin, chou, éch., fromage blanc, huile malf., lierre, milp., mén., menthe, moutarde, pr., primevère, sauge, serpolet, violette, sureau, tus., val., véronique, cyn., gv., pr.

Maladies (*des enfants*) : ans., avoine, argile, ct., gv., éch., gt., ff., till., malt, primevère, f.-miel-lait.

Maladie mentale : abs., ang., anis, ar., aspic, éch., mén., milp., racine d'ortie, val., rue, sauge, pr.; milp.-milf.-abs.

Migraine : aspic, cumin, gv., véronique; f.-lait.

Matrice : milp.-milf.

Mélancolie : abs., aspic, gv., pr.

Morsure : ang., fgr., ff., pl., val.

Muscles (*faiblesse de*) : gt.

N

Nervosité : ar., b. bl., citronnelle, gv., huile d'am., de giroflée, poudre d'os, till., huile de menthe, primevère, rom., sauge, serpolet, rue; de l'eau vinaigrée ou de l'argile sur les parties endolories.

Nausée : ar., aspic, gt., menthe, ortie, pr., vin d'abs.

O

Odeur putride : pr.; menthe avec un mélange moitié eau, moitié vin.

Oppression (de la poitrine) : tus. et tous les remèdes contre la toux.

Oreilles : abs., ar., huile d'am., eau, huile malf., ortie, pr., rose p.

Dose : 60 g. d'ar. dans 6 l. d'eau; l'eau de choucroute ou le petit-lait : on y trempe de petits linges qu'on lie pendant 2 ou 3 h. au dessus.

P

Panaris : alun, choucroute, fgr., ff., pr.; rue, lait.

Pansement des plaie (voir *Arnica*).

Paralysie (*dorsale*) : camphre.

Paralysie (*de la langue*) : boucage sax.

Paralysie : ang., val.

Peau (*reformation*) : al., fgr., pr.

Peau (*gercée*) : onguent d'ar.

Période : abs., acore, ang., ct., éch., cam., citronnelle, genêt, gui, milp., myrtille, pétasite, pr.; santal, sauge, milp.-milf.-gv.

Phtisie : avoine, abs., cresson, mouron, noyer, pl., ren., tus., fraise, f. fgr., pr., violette, lierre, till., rue; décoction de rameaux de pin, lierre, ct., f.-lait; sauge-gv.-abs.; éch.-sauge-pl.-abs.-miel.

Pieds (*gonflés*) : feuilles du pl.; tus.-milp.-pr.

Pieds (*maladies des*) : poudre d'os, pr.; milp.-milf.-abs.

Pieds (*transpiration*) : bains de f. f., sauge-f.-abs.

Piqûre (*d'un insecte*) : ar., argile, pr.

Plaies : al., ar., argile, bardane, bourse à pasteur, boucage sax., chou, carline, consoude, fraise, fgr., lierre t., ff., hièble, giroflée, feuilles de chêne, eau de choucroute, milf., sauge, sanicle, ren., till., tr., tus., véronique, huile d'am.; f.-vinaigre; lin-cire.

Pneumonie : abs., fgr., fromage blanc, huile d'am. (2 c.); lait d'amandes (1 p. c.); pr., pulm., tus., pr., rose, p., pétasite, pl.; violette, pr.; till.; poudre de charbon.

Point de côté : acore, lin, ortie, rose p., sauge, sureau.

Poitrine : anis, ar., acore, boucage sax., encens, f., gv., lin, orge, mouron, lierre t., pr.; ren., sarriette, sauge; till., malt-miel; milf.-sauge-abs.; graisse de porc avec oignon; véronique.

Polype : pr.

Poumons : abs., consoude, cresson, bourse à pasteur, éch., gv., lierre t., cyn., milf., mouron, ortie, pl., pr., ren., sarriette, tus., menthe, sanicle, ; tus.-sauge-ct.; avoine-miel.

R

Rachitisme : ff., café de glands; poudre d'os.

Rate : acore, aspérule, boucage sax., ch., pr.

Refroidissement : avoine, cam.; lait; fgr., f. f, lin, ortie, mén., milf., milp., pr.; sureau, tus., pr.; soupe chaude; vin d'abs.; f. lait.

Reins : acore, boucage sax., ch., ct., cyn., cresson, dent de lion, genêt, gv., f., hièble, malt, moutarde, milf., milp., primevère, pulm., eau de choucroute, racine de sureau, ren., rom., pr., vin de sauge, sauge, gv., abs.

Respiration : ans., b. bl., gv., rue, rom., violette, vin, menthe.

Rhumatisme : ar., cam., chou., fraise, ff.,

groseille, lin, huile de camphre, d'amandes, huile malf., milf., pr., menthe, primevère, rue, sauge; sauge-abs.-gv.

Rhumatisme articulaire: abs., ff., primevère; sureau-milf.-gv.

Rougeur (*du nez*) : pr.

Rougeole : ff.

Rubéole : ff.

S

Salivation : tr. et chaque herbe en général.

Saignement (*du nez*) : ortie, primevère, prunelle, pr.

Sang coagulé (*du nez*) : abs., gv., pr., sauge.

Scorbut : anis, bourse à pasteur, citron, malt., mén., myrt.

Scarlatine : petit-lait, f. f., pl., ren., tus.; eau miellée; tus.-pl.

Scrofule : bardane, dent de lion, éch., frg., lierre, pulm., malt, noyer; tus.-pl.-ct; milf.-milp.

Seins (*gonflés*) : compresses de la racine du f. avec du vin.

Soif : abs., consoude, pl., sauge, tr.

Stomacace : alun, pr., rom., ronce, feuille de myrt., fleurs de sureau, sauge, du vin; 1 c. de vinaigre sur des fleurs de sureau dans une bouteille, laver la bouche. Huile de chou. Fleurs de ronce-alun-vin-eau ; al.-vin-miel.

Strabisme : ar.

Sucs (à améliorer) : cresson, ff., huile malf., milf., milp., sauge, pr., ortie, prun., huile de giroflée, vin d'abs. ; f.-sauge-abs. ; milf.-milp.-gv. ; milf.-milp. ; menthe-ct.-sauge.

Suette : ang., vin de sauge.

Suppuration : alun, fgr.

Syncope : éch., gt., vin d'abs.

T

Teigne : argile, cresson, cire; cuire la ct. dans la bouillie des pois.

Ténia : les gousses des graines de citrouille sont enlevées, les graines broyées et cuites dans un mélange moitié sucre ou dans le suc de la cerisette. Huile du noyer; fougère mâle. Les pharmaciens ont un remède efficace.

Toux (convulsive) : cyn., f., huile de f. ; ortie, pétasite, sauge, till., véronique, violette ; fgr.-miel ; aloès-miel ; tus.-sauge-ct.

Toux : abs., avoine, b. bl., cerisette, consoude, éch., guimauve, f., fgr., gin., lin, groseille, ortie, sureau, pr., pulm., till., véronique, sauge, violette ; f.-miel-lait ; tus.-pl.-ren. ; ortie-milf.-milp.

Transpiration (nocturne) : charbon de till., sauge.

Tremblement : ar.

Tumeur : argile, aspérule, cam., consoude, éch., fgr., ff., chou., huile d'am., fromage blanc., pl., violette, sarriette, tus., mén., vinaigre ; huile ou esprit de camphre ; lin, cire. L'huile malf. se place *autour* des tumeurs.

Typhus : ar., cerisette, fgr., charbon de till., huile d'am., tus., vin d'abs.

V

Vaccination : ff., pr.

Vers : abs., anis, fougère mâle, gt., lierre t., pl., rue, pr., noyer, suc de l'oignon ; 1 c. de miel dans 1/4 de l. d'eau, avec une cuillerée de miel.

Vermine : ang., anis.

Vérole : feuilles de chêne.

Vertige : aspic, anis, b. bl., citron, f., ff., gui, charbon de till., milf., primevère, moutarde, rue, sariette, sauge.

Vésicule : al., ar., b. bl., fgr., milf., rose p.

Vessie : gv., mén., pr. ; gv.-abs.-pr.

Voix : pr. ; gargarisme de miel.

Vomissement : abs., al. (1 p. dans 1/4 l. d'eau chaque heure 1 c.) ; ans., ar., ang., ct., cumin, citronnelle, huile d'am., de girofiée, de rue, d'abs., gt., glace, mén., myrt., ortie, sariette, souci, pl. ; eau de choucroute, ans., 6 ou 8 c. d'eau chaque heure. Ortie-f.-milf.; f.-lait; menthe-lait, ct.-abs.; abs-pr.; vin-eau; eau sucrée; sauge-abs.

Y

Yeux : al., al., abs., ar., b. bl., eufraise, dent de lion, bl., f., huile malf., miel, noyer, pl., pr., rue, sauge, sucre, tr., violette, fromage blanc.

Époques de la récolte des herbes, réglées d'après les mois divers.

Mars :

Primevère (racine)
Pulm.
Val. (racine).

Avril :

Gv. (baies).
Gui (feuilles).
Hièble (racine).
Ortie (racine).
Primevère.
Prunelle.
Sureau (racine).

Mai :

Aspérule.
Bourse-à-pasteur.
Chêne (feuilles).
Chicorée (herbe).
Fougère (racine).
Genêt (fleurs).
Groseille (feuilles).
Gv. (baies).
Myrtille (feuille).
Primevère.
Prunelle.
Sureau (écorce).
Tus. (feuille).
Véronique.

Juin :

Cam.
Chêne (feuille).
Citronnelle.
Consoude (feuille).
Groseille.
Milp.
Noyer (feuilles).
Rm.
Sureau (fleurs).
Till.
Tus. (feuilles).

Juillet :

Absinthe.
Airelle.
Arnica (feuilles).
B. bl.
Cerisette.
Ct.
Cumin.
Cyn. (feuilles).
F. f.
Fraise.
Genêt (semence).
— (rameaux).
Guimauve (fleurs).
Menthe.
— à f. arrond.
Moutarde.
Myrtille.
Ortie.
Rose papale.
Rue.
Sarriette.
Sauge.
Sanicle.
Serpolet.
Souci.

Août :

Anis.
F.
Lin.
Mén.
Orge.
Sarriette.
Sureau (baies).

Septembre :

Airelle.
Ang.
Ar. (racine).
Aspic.
Avoine.
Boucage sax.
Bourse-à-pasteur (racine).
Carline.
Consoude.
Cyn.
Eufraise.
Fgr.
Gui (baies).
Guimauve.
Lin.
Noyer.
Orge.
Sarriette.

Octobre :

Bardane (racine).
F. (racine).
Fraise.
Giroflée.
Gt.
Gui.
Pétasite.
Souci.

Au printemps :

Acore (racine).
(Auxion aut.).
Cresson.
Dent-de-lion.
Violette.

En été :

Ans.
Chou (feuilles).
Fraise.
Milf.
Mouron.
Pl.
Pr.
Ren.
Ronce des haies.

En tout temps :

Chêne (bois).
— (écorce).
Cresson.
Gui (feuille).
Lierre.
Tilleul (bois).
— (écorce).

Tableau des abréviations des plantes les plus usitées.

Absinthe	= abs.	Ményanthe	= mén.
Angélique	= ang.	Millefeuille	= milf.
Ansérine	= ans.	Millepertuis	= milp.
Arnica	= ar.	Myrtille	= myr.
Bouillon blanc	= b. bl.	Plantain	= pl.
Camomille	= cam.	Prêle	= pr.
Centaurée	= ct.	Prunelle	= prun.
Chicorée sauvage	= ch.	Renouée	= ren.
Cynorrhodon	= cyn.	Romarin	= rom.
Eufraise	= euf.	Tilleul	= till.
Fenouil	= f.	Tormentille	= tr.
Fénugrec	= fgr.	Tussilage	= tus.
Fleurs de foin	= ff.	Valériane	= val.
Genièvre	= gv.	Véronique	= vér.
Gentiane	= gt.		

N. B. — *Dans ce tableau nous ne donnons que les abréviations des plantes les plus usitées. — Nous l'avons placé en regard de la table pour faciliter au lecteur les recherches. — Pour tout ce qui concerne les abréviations concernant les doses de médicaments, le temps, les décoctions, peu nombreuses et faciles à retenir, nous renvoyons le lecteur aux pages 134 et 135 du présent volume.*

TABLE DES MATIÈRES

ATTESTATION DE M. KNEIPP IV
PRÉFACE V

PREMIÈRE PARTIE

RÉGIME. — HYGIÈNE ALIMENTAIRE

CHAP. I. — CE QUE NOUS NE DEVONS PAS MANGER 3
§ 1. — Principes généraux 3
§ 2. — La cuisson 10
§ 3. — La salaison 12
§ 4. — L'assaisonnement 18
§ 5. — La force nutritive de quelques aliments .. 22

CHAP. II. — DES FAUTES A ÉVITER DANS LA FAÇON DE MANGER 27

CHAP. III. — CE QUE NOUS NE DEVONS PAS BOIRE 30
§ 1. — L'alcool 34
§ 2. — L'eau-de-vie 38
§ 3. — La bière 39
§ 4. — Le vin 40
§ 5. — Le cidre 43
§ 6. — Le café 44
§ 7. — Le thé 49
§ 8. — Le cacao 49

APPENDICE

§ 9. — Le tabac 50

CHAP. IV. — CE QUE NOUS DEVONS MANGER 53
§ 1. — Le lait 56
§ 2. — Les fruits à cosse 59
§ 3. — La viande 61
§ 4. — Les céréales 63

CHAP. IV (*Suite*). — § 5. — La pomme de terre..... 79
§ 6. — La choucroute........................ 80
§ 7. — Les fruits........................ 81

CHAP. V. — CE QUE NOUS DEVONS BOIRE.............. 83
§ 1. — L'eau fraîche........................ 83
§ 2. — Le café de malt et autres espèces de café.. 86
§ 3. — Le vinaigre........................ 88

CHAP. VI. — DES VÊTEMENTS QUE CONSEILLE L'HYGIÈNE ET DE CEUX QU'ELLE CONDAMNE........................ 93
§ 1. — Quels sont les vêtements que condamne l'hygiène?........................ 95
§ 2. — Les différentes étoffes........................ 98
§ 3. — Les vêtements superflus........................ 105

CHAP. VII. — LES AUTRES INFLUENCES HYGIÉNIQUES.... 107
§ 1. — L'air........................ 107
§ 2. — La lumière........................ 114
§ 3. — Les mouvements et le repos........................ 115

CONCLUSION........................ 119
§ 1. — Régime pour le temps d'une bonne santé.. 121
§ 2. — Régime pour le temps de maladie......... 122
§ 3. — Alimentation des enfants........................ 123

DEUXIÈME PARTIE

LES PLANTES MÉDICINALES

I. — Règles générales pour la récolte des plantes.... 127
II. — Règles générales pour la préparation et l'usage. 128
III. — Explications de quelques abréviations.......... 134
1. — Les doses des médicaments........................ 134
2. — Le temps........................ 135
3. — Quelques décoctions........................ 135
4. — Quelques herbes........................ 135

IV. — Les plantes médicinales........................ 136
a. — *Les plantes médicinales cultivées chez nous*..... 136

1. — Absinthe........ 136
2. — Acore odorant... 138
3. — Airelle ponctuée. 139
4. — Angélique....... 139
5. — Anis............ 141
6. — Ansérine........ 142
7. — Argile.......... 143
8. — Arnica.......... 144
9. — Aspérule........ 147
10. — Aspic.......... 147

11. — Avoine 148
12. — Bardane 149
13. — Boucage saxifrage 150
14. — Bouillon blanc .. 151
15. — Bourse à pasteur. 151
16. — Camomille 152
17. — Carline commune 153
18. — Cendres 153
19. — Centaurée 154
20. — Cerisette 154
21. — Chêne 155
22. — Chicorée sauvage 157
23. — Chou pommé ... 157
24. — Cire 159
25. — Citronnelle 159
26. — Consoude 160
27. — Craie 161
28. — Cresson 161
29. — Cumin 162
30. — Cynorrhodon 162
31. — Dent de lion 163
32. — Encens 163
33. — Eufraise 164
34. — Fenouil 164
35. — Fenugrec 167
36. — Fleurs de foin .. 169
37. — Fougère mâle ... 172
38. — Fraise 172
39. — Genêt à balais ... 173
40. — Genièvre 174
41. — Gentiane 175
42. — Giroflée 176
43. — Groseille 176
44. — Gui 177
45. — Guimauve 178
46. — Hièble 178
47. — Lait 179
48. — Lierre terrestre 180
49. — Lin 181
50. — Mauve 182
51. — Menthe 182
52. — Menthe à feuilles arrondies 183
53. — Ményanthe 183
54. — Miel 184
55. — Millefeuille 187
56. — Millepertuis 188
57. — Mouron blanc ... 190
58. — Moutarde 191
59. — Myrtille 191
60. — Noyer 192
61. — Orge 193
62. — Ortie 194
63. — Os 196
64. — Pétasite 197
65. — Plantain 197
66. — Prêle 198
67. — Primevère 200
68. — Prunelle 200
69. — Pulmonaire 201
70. — Radis 202
71. — Renouée 202
72. — Romarin 203
73. — Ronce des haies. 204
74. — Rose papale 204
75. — Rue fétide 205
76. — Sanicle 205
77. — Sarriette 206
78. — Sauge 206
79. — Serpolet 208
80. — Son 208
81. — Souci 209
82. — Sucre 209
83. — Sureau 210
84. — Tilleul 211
85. — Tormentille 212
86. — Tussilage 214
87. — Valériane 215
88. — Véronique 216
89. — Violette 217

b. — *Médicaments divers* 218

1. — Aloès 218
2. — Alun 219
3. — Amande 219
4. — Camphre 220
5. — Chocolat 220
6. — Citron.. 221
7. — Glace 221
8. — Graisse de renard 221
9. — Huile malfaisante 222
10. — Malt 223
11. — Œillet 223
12. — Olives 224
13. — Poivre 224
14. — Santal 225
15. — Vinaigre 225

V. — Combinaison des médicaments pour les diverses maladies 226

ÉPOQUES DE LA RÉCOLTE DES HERBES, RÉGLÉES D'APRÈS LES MOIS DIVERS 248

TABLEAU DES ABRÉVIATIONS DES PLANTES 250

4304-03. — Corbeil. Imprimerie Crété.

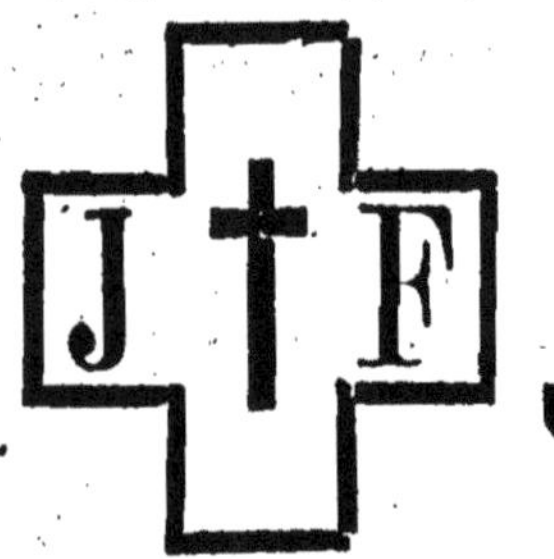

MARQUE DÉPOSÉE

PHARMACIE KNEIPP

J. FAVRICHON

Pharmacien

Fournisseur de l'Institution Kneipp, de Lyo

SAINT-SYMPHORIEN-DE-LAY (Loire)

DÉPOT POUR LYON

PHARMACIE SAINT-POTHIN, 19, RUE BUGEAUD, LYON

AGENT GÉNÉRAL POUR LA BELGIQUE

A. COEMANS, PLAINE ST-PIERRE, 5, A GAND

PRIX COURANT

Ce Tarif annule les précédents

(MARS 1893)

Les flacons et les paquets étant préparés d'avance, il n'est pa expédié de quantités inférieures à celles qui sont indiquées dan ce Tarif.

Il n'est pas fait d'expéditions les Dimanches et jours fériés.

Nous faisons le franco de port et d'emballage, dans l'intérieu de la France seulement, pour toute commission de 20 fr. dont l poids brut n'atteint pas 0 kilogs. Pour les expéditions qui dépas sent ce poids, nous ne faisons le franco de port et d'emballag qu'à partir de 50 fr.

N. B. — A cause de l'emballage, le poids net des objets deman dés ne doit pas dépasser 2 k 250 pour un colis postal de 3 kilo qui coûte 0 fr. 60 en gare et 0 fr. 85 à domicile; et 4 k 250 pou un colis de 5 kilos, qui coûte 0 fr. 80 en gare et 1 fr. 05 à dom cile.

Nous pouvons, quand les clients le désirent, expédier par l poste, les poudres, les plantes et les livres. Il faut pour cela join dre au prix de ces objets le coût de l'affranchissement, soit 0.2 par paquet de 150 grammes de plantes ou de poudres et pa boîtes entières de Feuille et de Poudre d'Os, et 0.10 pour les dem boîtes de Feuille et de Poudre d'Os, et pour les thés mélangés.

Afin d'éviter les frais de remboursement qui sont très onéreu et l'ouverture de comptes pour des sommes minimes, nous prion nos clients de joindre à leurs lettres, en un mandat-poste, montant de leurs demandes, *plus les frais de port.*

	PRIX flac. comp. par 150 gr.
Teinture (extrait) d'absinthe	1 40
— — d'angélique	1 50
— — d'arnica	1 50
— — de camomille	1 50
— — de centaurée	1 40
— — de chicorée	1 40
— — d'eufraise	1 30
— — de fenouil	1 50
— — de genêt	1 50
— — de gentiane	1 40
— — de genièvre	1 40
— — de gratte-cul	1 50
— — de ményanthe	1 50
— — de millepertuis	1 40
— — de myrtille	1 50
— — de prêle	1 40
— — de romarin	1 40
— — de rue	1 40
— — de sauge	1 50
— — de tormentille	1 50
— — de valériane	1 30
Vin de romarin ... les 250 gr. 1 fr. 25	
— d'absinthe ... — —	
— de miel ... — —	
Huile d'amandes douces	1 50
— camphrée	1 10
— excrétive ... le flacon 1 franc.	
— de millepertuis	1 10
— de rue	1 40

	par 15 gr.
Huile essentielle d'anis	1 20
— — — et de fenouil mélangés	1 20
— — d'aspic	» 80
— — de cumin	1 35
— — de fenouil	1 20
— — de genièvre (baies)	1 20
— — de girofle	1 20
— — de lavande	1 20
— — de menthe (extra)	3 50

J. FAVRICHON, à St-SYMPHORIEN-de-LAY (Loire)

	PRIX flac. comp. par 150 gr.
Absinthe (feuilles)	» 60
Angélique (racines)	» 75
— (graines)	» 80
Anis vert	» 75
Ansérine (argentine)	» 75
Arnica (fleurs)	» 75
Aspérule	» 75
Bardane (feuilles)	» 60
Bouillon-blanc (fleurs)	1 40
— — (feuilles)	» 60
Busserole	» 60
Camomille-matricaire	» 90
Centaurée	» 75
Chêne (écorces)	» 30
— (feuilles)	» 60
Chicorée (feuilles)	» 60
— (racines)	» 45
Encens en grains	» 90
Eufraise	» 75
Fenouil (semences)	» 75
Fenugrec — Fænum græcum — (semences)	» 40
Foin (fleurs) le kil. 1 franc, port en sus. Le paquet de 3 kil., 3 francs, franco en gare.	» 30
Fraises (feuilles)	» 75
Genièvre (baies)	» 40
Gentiane (racines)	» 30
Gratte-cul — cynorrhodon —	» 75
Gui coupé	» 75
Hièble (racines)	» 90
Lichen pulmonaire	» 75
Lierre terrestre — herbe de la Saint-Jean —	» 70
Mauve noire (fleurs)	» 90
Ményanthe coupée	» 80
Menthe aquatique	» 80
Menthe poivrée	» 80
Miel blanc qualité extra, le pot de 250 gr. 1 fr. 10	
Millefeuille (fleurs)	» 90
Millepertuis	» 65
Myrtille (fruits secs)	» 75
Ortie (feuilles)	» 80
— (racines)	» 80

	PRIX flac. comp. par 150 gr.
Paille d'Avoine coupée, le kil. 1 fr., port en sus. Le paquet de 3 kil., 3 francs, franco en gare.	
Pin (bourgeons)..	» 55
Plantain...	» 60
Prêle.............. le kilog. 2 fr. 25, port en sus.	
Prêle...... le paquet de 3 kilogs, 5 francs, franco.	» 60
Primevère.....	1 40
Prunellier (fleurs)...................................	1 40
Renouée (trainasse)................................	» 90
Romarin..	» 60
Rue (feuilles)...	» 70
Santal granulé pour infusions..................	» 70
Sauge mondée...	» 60
Souci — calendula —	1 75
Sureau (fleurs).......................................	» 75
— (feuilles)..	» 60
— (racines)..	1 10
Tilleul (fleurs)..	» 75
Tormentille (racines)................................	1 10
Tussilage (feuilles)...................................	» 60
— (fleurs)..	» 90
Valériane (racines)..................................	» 60
Violettes (feuilles)...................................	» 90
Poudre d'absinthe.....................................	1 20
— d'aloès..	» 90
— d'alun...	» 40
— d'angélique...	1 10
— d'anis vert..	1 10
— de charbon végétal..................................	» 70
— de craie précipitée..................................	» 75
— de cumin..	1 10
— d'eufraise...	1 20
— de fenouil...	1 10
— de fenugrec..	» 80
— de genièvre..	» 90
— d'hièble...	» 90
— de millepertuis..	» 90
— de menthe..	1 20
— de santal..	1 20
— de sauge..	» 90
— de tussilage..	» 90
— de valériane...	» 90

MÉDICAMENTS COMPOSÉS

DE LA

PHARMACIE KNEIPP

Emplâtre de Poix de Bourgogne

M. le Curé Kneipp emploie cet emplâtre contre les hernies.

En application sur le sternum ou entre les deux épaules, il a une efficacité bien connue des médecins contre les douleurs internes de la poitrine et les toux rebelles.

On étend, à l'aide d'un fer à repasser chaud, une petite couche de cet emplâtre sur de la toile ou de la peau fine.

On l'applique sur l'endroit douloureux et on laisse en place 8 à 10 jours.

Prix de la boîte . . . . 1 fr. 20.

Poudre d'Os

Blanche, noire ou grise, la boîte 2 fr. 80
— — — 1/2 boîte 1 fr. 80
La boîte de 50 cachets . . . 3 fr. » »

La poudre d'os est le reconstituant le plus énergique et le plus complet. Il est démontré par l'étude de sa constitution chimique et par de nombreuses observations, que la poudre d'os a une action infiniment supérieure à celle des solutions de phosphates de chaux et des médicaments ferrugineux.

Feuille-Régulateur

Première recette

C'est le seul purgatif qui fortifie les organes sur lesquels il agit, et en régularise les fonctions. Il s'emploie avec succès dans la dyspepsie, l'inappétence, la constipation, c'est-à-dire dans tous les cas où les fonctions de l'estomac ou de l'intestin se font mal. Les personnes fortes et robustes peuvent prendre 2 jours de suite une tasse de feuille-régulateur, ou 2 cachets. Les personnes faibles prendront un seul cachet, ou boiront leur unique tasse en 2 ou 3 jours.

Prix de la boite (pour infusions) 2 fr.
— 1/2 boite — — 1 » »
La boite de 50 cachets. . . 3 » »

Feuille-Régulateur

Deuxième recette

Cette deuxième recette a une action purgative moins forte que la première. Son champ d'action est de préférence dans les reins et la vessie. On l'emploie dans les commencements d'hydropisie, quand on éprouve une difficulté pour uriner, dans l'inflammation des reins et de la vessie.

S'emploie de la même façon que la première recette.

Prix de la boite (pour infusions) 2 fr.
— 1/2 boite — — 1 » »
La boite de 50 cachets . . . . 3 » »

Mellite de Sureau

Baies de sureau préparées au miel.

C'est un dépuratif excellent, qui convient d'une façon particulière aux personnes qui ont une vie sédentaire. — 1 ou 2 cuillerées à bouche dans un verre d'eau donnent le meilleur breuvage réfrigératif, purifie l'estomac, évacue l'urine et agit favorablement sur les reins. On en prend 2 cuillerées à bouche par jour dans l'intervalle des repas.

Le flacon 2 fr. 25, port en sus. — 4 flacons, 8 fr. franco.

Onguent contre les maladies des yeux

Extrait liquide de miel et d'absinthe.

Cet onguent est un excellent remède ophtalmique. Il épure les yeux et fortifie la vue.

On mélange une cuillerée à café de cet onguent avec 4 à 5 cuillerées à bouche d'eau. On se lave les yeux — à l'intérieur et à l'extérieur — 4 ou 5 fois par jour, à l'aide d'un linge en fil très propre, trempé dans l'eau ainsi préparée.

On emploie de la même manière, et dans les mêmes proportions, l'extrait ou teinture d'eufraise.

Le flacon . . . . . 1 fr. 80.

Thé mélangé N° 1

Dépuratif.

(*Pterocarpus santalinus. Sambucus nigra. Prunus spinosa, Sambucus ebulus.*)

Ce thé est le plus actif des dépuratifs. Il épure le sang et facilite les selles.

On le recommande dans les cas d'éruptions, dans les démangeaisons, contre l'herpès, la goutte, le rhumatisme.

Il faut en faire usage au printemps, et à l'automne, à la dose d'une tasse par jour, que l'on prend en 3 fois : le matin, à midi et le soir.

Prix de la boîte . . . . 1 fr.

Thé mélangé N° 2

Béchique, pectoral.

(*Althæa rosea. Verbascum schraderi. Pimp. anisum. Equis. arvense, Tilia grandifolia. Prunus spinosa. Tussilago petasitis Glecoma hederacea.*)

Ce thé est excellent contre les maladies de la gorge, les catarrhes, les engorgements de la poitrine, la respiration gênée. Il a une action durable et très efficace sur la résolution des glaires

On en prend une tasse par jour, en 3 fois : le matin, à midi et le soir.

Prix de la boîte. . . . . 1 fr.

Thé mélangé N° 3

Diurétique.

(*Equis. arvense. Rosa canina. Pterocarpus santalinus. Sambucus ebulus. Urtica dioica. Plantago lanceolata. Viscum album Rosmarinus officinalis.*)

Ce thé fait disparaître la sérosité chez les hydropiques et nettoie les reins. Il a une action calmante et provoque, dans l'hydropisie du cœur, une sécrétion abondante, par les voies urinaires.

On en prend une infusion par jour, en 3 fois : matin, midi et soir.

Prix de la boîte . . . . 1 fr.

Extrait composé de Sucs d'Ortie et de Bardane

Contre la chute des cheveux et les affections du cuir chevelu.

Prix du flacon. . . . . 1 fr.

Huile composée d'Ortie et de Bardane

Contre la chute des cheveux et les affections du cuir chevelu.

Prix du flacon. . . . . 1 fr.

SOINS A DONNER AUX CHEVEUX

Les maladies qui atteignent le cuir chevelu et les cheveux eux-mêmes sont de cause externe ou de cause interne. Parmi les premières, il faut citer les traumatismes exercés par des frictions irritantes, l'abus des pommades, des cosmétiques, des teintures, puis, les maladies parasitaires, et en particulier les teignes. Parmi les secondes se rangent presque toutes les maladies cutanées, mais surtout l'eczéma, l'acné, le pityriasis, le psoriasis, le lichen..

Pour empêcher les maladies du cuir chevelu, il faut couper les cheveux fréquemment et assez près.

Voici le traitement conseillé par M. le Curé Kneipp dans les divers cas qui viennent d'être signalés :

Il faut, deux fois par semaine, se laver la tête avec de l'eau chaude et du savon, la sécher avec un linge sec et faire une friction avec l'extrait composé d'ortie et de bardane. Quand les cheveux sont secs, on les graisse très légèrement avec un peu d'huile composée d'ortie et de bardane.

Il est indispensable — pendant l'hiver — de rester dans un appartement chaud, jusqu'à ce que les cheveux soient parfaitement secs.

Pour l'entretien journalier de la chevelure, on se servira — surtout quand les cheveux tombent, ou ne peuvent pas pousser — de l'extrait composé d'ortie et de bardane.

Quand on a des pellicules ou des éruptions, on emploie l'huile d'ortie et de bardane.

Il est indispensable, dans tous les cas où l'on a affaire à une maladie de cause interne — eczéma, acné, pityriasis, etc., — de prendre une infusion par jour de plantes dépuratives et de faire chaque jour une ablution totale du corps. La marche nu-pieds dans l'herbe mouillée et une ou deux affusions supérieures chaque semaine augmenteront beaucoup l'efficacité du traitement.

Quand la tête, dit M. Kneipp, brille comme une boule d'ivoire, les racines des cheveux sont mortes et il n'y a rien à faire.

Onguent de Calendula

Pour la résolution des tumeurs et la guérison des plaies.

Le pot. . . . . 1 fr.

Extrait concentré d'Aloès et d'Absinthe

Pour la guérison des plaies de toute nature

L'absinthe est très anciennement connue pour ses propriétés énergiques dans le traitement des plaies blafardes, sanieuses, — chargées de pus — et vermineuses. C'est un antiseptique puissant.

M. Kneipp a fait connaître avec quelle activité l'aloès nettoie les anciens ulcères, les chairs putrides, les cicatrices profondes, avec forte suppuration.

L'extrait concentré d'aloès et d'absinthe a une action supérieure à celle de tous les antiseptiques : sublimé, iodoforme, etc., et n'a aucun des inconvénients que présentent les divers poisons employés aujourd'hui. Non seulement cet extrait détruit tous les germes qui entretiennent la suppuration, mais il a en plus une action excitante, qui amène rapidement la reconstitution des chairs et la formation d'une nouvelle peau.

On met une ou deux cuillerées à bouche, — suivant la gravité du mal, — dans un demi-litre d'eau, et le remède est prêt.

On lave les plaies avec la mixture ainsi préparée, 2 ou 3 fois par jour, et on panse avec un linge en fil très propre trempé dans cette eau (1).

Prix du flacon d'extrait concentré. 1 fr. 80.

Extrait camphré de seigle

M. le curé Kneipp, dans une conférence donnée le 30 août 1892 à la Wandelbahn à Wœrishoffen, recommande l'extrait camphré de seigle dans les cas de choléra et de cholérine, pour réchauffer l'estomac. Cet extrait se prend par cuillerée à café toutes les demi-heures.

Prix du flacon. . . . . 1 fr. 80.

(1) Quelques gouttes d'extrait d'aloès et d'absinthe étendues sur une coupure ou une écorchure légère forment une pellicule qui empêche le contact de l'air et amène une rapide guérison.

Argile préparée au vinaigre de vin pur

L'argile préparée au vinaigre est employée avec succès, par M. Kneipp, dans un grand nombre de cas. C'est le meilleur remède contre la piqûre des insectes. On l'applique sur la partie enflée et enflammée. Cette argile absorbe la chaleur, l'enflure diminue et la douleur avec elle. Quand l'argile est sèche il faut la remplacer par d'autre toute fraiche. On s'en sert avec succès pour guérir des enflures causées par toute autre chose qu'une piqûre d'insecte.

Prix du pot. . . . . 1 fr. 25.

Gouttes de Voyage, N° 1

Elixir d'arnica composé.

Cet élixir, appelé par M. Kneipp, « Gouttes de voyage » (1), peut rendre, dans bien des circonstances, les plus grands services. Il agit sur le cœur, réchauffe l'estomac. On l'emploie quand le corps, pour une cause ou une autre, se refroidit. Ces précieuses gouttes combattent les évanouissements, les vertiges, les indigestions, les nausées.

On peut en prendre, suivant la gravité des cas, depuis quelques gouttes jusqu'à une cuillerée à bouche.

Prix du flacon. . . . . 1 fr. 80

Gouttes de Voyage, N° 2

Elixir de fenouil composé.

Cet élixir s'emploie comme le n° 1. Il a une action particulière sur l'estomac qu'il réchauffe. Il guérit les coliques venteuses, les spasmes, les crampes d'estomac, chasse les gaz, les flatulences.

Prix du flacon. . . . . 1 fr. 80.

Cachets anti-diabétiques

Aux feuilles de myrtille.

Très recommandés dans les cas de diabète.

La boîte de 50 cachets avec instructions. . . 3 fr.

Cachets de baies de myrtille

Contre les diarrhées rebelles, le catarrhe de l'estomac et des intestins chez les adultes et chez les enfants.

La boîte de 50 cachets avec instructions. . . 3 fr.

(1) Voir l'*Almanach Kneipp*, 1893, page 103.

Poudre dentifrice végétale

Excellent dentifrice raffermissant les gencives et ne contenant aucun acide nuisible à l'émail des dents.

Prix de la boîte. . . . . 1 fr. 50.

Eau dentifrice

A base de menthe et de prêle des champs.

Purifie l'haleine et préserve des maladies de la bouche. S'emploie aussi en gargarisme à la dose d'une cuillerée à café par verre d'eau.

Prix du flacon. . . . . 1 fr. 80

Petite Pharmacie de Famille

La petite pharmacie de famille est renfermée dans des boîtes en métal et des flacons étiquetés avec soin. Elle est composée de 9 boîtes de thés, 4 boîtes de poudres, 7 flacons de teintures ou extraits et 2 flacons d'huiles.

Elle contient les médicaments les plus nécessaires, ceux qu'il est indispensable d'avoir chez soi, sous la main, surtout quand on est éloigné de tous secours médicaux. Elle rend journellement les plus précieux services. Beaucoup de prêtres et de communautés religieuses l'ont appréciée et ont manifesté au préparateur leur entière satisfaction.

Prix franco. . . . . 25 francs.

Pharmacie de poche et de voyage

Composée de 12 flacons et de divers accessoires renfermés dans un étui très élégant et très commode.

Prix. . . . . 15 fr.

J. FAVRICHON à St-SYMPHORIEN-de-LAY (Loire)

PRODUITS ALIMENTAIRES

Recommandés par Séb. KNEIPP

	500 gr.	1 kilo.
Soupe fortifiante (Potage de santé) au froment	0 70	1 40
Soupe fortifiante (Potage de santé) au seigle	0 70	1 40
Chocolat céréales (Cacao, froment, orge, malt, avoine)	2 00	4 00
Cafés divers	0 70	1 40
Gruau d'avoine préparé	0 75	1 50
Biscuits fortifiants d'avoine, la boite de 500 gr	1 75	
Biscuits digestifs de malt, la boite de 500 gr	1 75	
Farine de malt en paquet de 250 gr	0 65	
— d'avoine — —	0 55	
— d'orge	0 60	
— de maïs	0 50	
— de pois	0 60	
— de haricots	0 60	
— de lentilles	0 60	
— de blé vert	0 85	
— de riz	0 50	
— fécule de pomme de terre	0 40	
— blé vert entier	0 75	

Café de céréales

Nous préparons cinq sortes de café de céréales. Le café de froment, le café de seigle, le café d'orge, le café de malt et le café mélangé qui est un mélange — suivant certaines proportions — des quatre premières sortes de café.

Nous recommandons particulièrement l'usage du café mélangé, qui a toutes les propriétés digestives du malt et les qualités nutritives et rafraîchissantes du froment et du seigle.

Café de glands

Les cafés de glands que l'on trouve dans le commerce sont des mélanges de glands, de chicorée et de divers produits dont la formule varie suivant chaque fabricant.

Afin de satisfaire les demandes réitérées qui nous ont été faites nous avons organisé la fabrication du café de glands. Nous pouvons donc en garantir l'absolue pureté.

Vin de myrtilles	(de santé) la bout............	3 fr. 75
— —	(de table)....................	3 fr. 60
— —	muscat (dessert)............	3 fr. 80

LA PHARMACIE

ET LES

PRESCRIPTIONS ALIMENTAIRES

DE Séb. KNEIPP

PAR

J. FAVRICHON

DEUXIÈME ÉDITION

Cette intéressante brochure est un guide indispensable pour l'emploi judicieux des medicaments préconisés par Séb. Kneipp. — Elle indique les doses, le mode de préparation et l'emploi de tous les médicaments de la Pharmacie de famille. — Elle contient une étude très intéressante sur la *poudre d'os*, le *pain*, les *cafés*, etc,

Voici d'ailleurs la division de cette brochure, qui est ornée du portrait de l'illustre Curé et d'une vue de Wœrishoffen :

Préface. — Plantes et alcaloïdes. — Poudre d'os. — Histoire du pain. — Café des Iles. — Café de céréales. — De l'habillement. — La methode Kneipp en France. — Pharmacie de famille de Séb. Kneipp. — A quel moment doit-on prendre les médicaments? — Formes médicamenteuses. — Médicaments de la Pharmacie de famille.

Prix, franco, 75 centimes.

Cette brochure est ajoutée, à titre gracieux, à toute première demande d'un minimum de 5 fr., adressée à la Phcie Kneipp ou à la Manre de Tissus hygiéniques.

Institution KNEIPP

LYON

CENTRALISATION UNIQUE

EN FRANCE

DE TOUT CE QUI CONCERNE LA

Méthode KNEIPP

Siège du KNEIPP-VEREIN de France

dont le but est de vulgariser cette méthode de traitement ainsi que ses excellents principes hygiéniques

M. le curé Kneipp a approuvé cette fondation par brevet décerné le 21 avril 1892 et enregistré en décembre de la même année au KNEIPP-VEREIN, de Wœrishofen.

DIRECTION: 25, Quai de Bondy.—Emile BUREL, directeur

Les traitements selon la méthode s'appliquent à Lyon. — Il est donné également des consultations par correspondance.

CHAQUE CONSULTATION : 5 FR.

Deux établissements *Lyon-ville*, et un établissement *Lyon-campagne*, sont organisés pour les traitements, sous la surveillance d'un docteur kneippiste.

Ouvrages de M. KNEIPP en langues étrangères

I. — LANGUE ALLEMANDE

MEINE WASSERKUR *(Édition originale de Ma Cure d'Eau.)*

In-12, avec gravures, broché....... 3.50; relié....... 4.25

SO SOLLT IHR LEBEN *(Édition originale de Comment il faut vivre.)*

In-12, avec gravures, broché....... 3.50; relié....... 4.25

II. — LANGUE ANGLAISE

MY WATER-CURE *(Edition anglaise de Ma Cure d'Eau.)*

Beau vol. in-8, illustré de 100 gravures, en élégante reliure. 7.50

III. — LANGUE ESPAGNOLE

METODO DE HIDROTERAPIA *(Édition espagnole de Ma Cure d'Eau.)*

In-12, broché.............. 4.50; relié.............. 5.25

IV. — LANGUE ITALIENNE

LA MIA CURA *(Édition italienne de Ma Cure d'Eau.)* In-12, broché.. 3.50; relié.. 4.25

VADE-MECUM DU KNEIPPISTE Traduit de l'allemand par Mme LEBROCQUY.

In-12, *franco*.................................... 1.50

Corbeil. Imprimerie Crété.

www.ingramcontent.com/pod-product-compliance
Ingram Content Group UK Ltd.
Pitfield, Milton Keynes, MK11 3LW, UK
UKHW020439200726
13857UKWH00002B/489